アイデンティティのつくり方

自分とは何者なのか？

OBJECTIVE ANALYSIS
客観的な分析

SUBJECTIVE IDEATION
主観的な発想

DIVERSIFIED COMMUNITY
多様な共同体

森山博暢・各務太郎
［著］

CROSSMEDIA PUBLISHING

まえがき

本書を手に取っていただいた方は、恐らくは人生の中で何かしらの岐路に立たされ、今まさに「自分とは何者か」という難題に取り組もうとしている真っ最中なのではないかと推測する。そんな方々に対して「アイデンティティのつくり方」を説こうとする著者は、一体どれほど立派で、一体どれほどアイデンティティが確立された偉人なのだろうと期待して、この書籍を読み始めたところかもしれない。

だが、（残念ながら）我々もまた日々、「自分とは何者か」という問いに悪戦苦闘している。読者の皆さんと同じ仲間なのである。

ここで「我々」と表現したのは、実は本書が、ひょんなことから出会った根本的に住む世界の異なるふたりの著者による共著であるからだ。簡単ではあるが、我々の自己紹介をさせていただければと思う。

ひとりは森山博暢（もりやまひろのぶ）。外資系の投資銀行で新卒から20年にわたって債券のトレーディング業務に従事した生粋の定量思考の人間。世界のあらゆる事象を客観的に分析するプロフェッショナルである。秒単位で刻々と変化する金融市場において、一般人からすれば想像もできないような額のお金を動かし、成果を出し続けなければならない。失敗は許されない戦場のような環境の中で、リスクマネジメント思考をベースにした「意思決定」のスキルを磨いてきた。

もうひとりは各務太郎（かがみたろう）。広告代理店でコピーライターとして数年CMづくりに従事した後、米国大学院で建築学の修士号を取得。最先端の「デザイン思考」を駆使しながら、建築家として、またスタートアップ経営者として、主観的なビジョンを形にすることを生業とする定性思考の人間。

数値化が難しいクリエイティブの価値を言語化し、クライアントや投資家を巻き込みながら、連続する「意思決定」の先にある行きたい未来への最短ルートを模索してきた。

定量と定性、客観と主観、一見すると正反対に思われる思考のふたりではあるが、とある「学校」を創立することになる。それが、Identity Academy（アイデンティティ・アカデミー）。

「金融のリスクマネジメント思考を駆使してこれからの意思決定をデザインする学校」という理念の下、大学生や高校生、時に社会人の方々向けに「意思決定の方法論」について議論を深める学校である。半年弱にわたって週2回2時間の講義を行う濃密なカリキュラムの中で、これまで延べ約200名もの卒業生を輩出してきた。

「アイデンティティのつくり方」というギリシャの哲学者ですら一生かかっても答えが出せなかったテーマを、我々がたった1冊のこの本だけで結論を出せるとは到底考えていない。ただ、悩める20代、30代、40代とこれまで真剣に向き合ってきた中で、我々の（拙い）経験が、読者の1人ひとりが自らの「アイデンティティ」に対してなんらかの仮説を出せるようにするためのサポートは出来るかもしれないと感じ、筆を執ることにした。

こういった経緯で、本書は各章・各項目ごとに執筆者がスイッチしていく構成となっている。極力違和感がないように努めてはいるが、読みづらさを感じられた方には、ここで先にお詫びを申し上げたい。

意思決定のプロセス

主観的な
ビジョン
客観的な
定量分析
Design Thinking
デザイン思考
Risk Management
リスクマネジメント
Decision Making
意思決定

アイデンティティのつくり方　目次

第1章

「なんとなく」をなくす ～客観分析の訓練～

第2章

「自分」と向き合う ～主観発想の訓練～

第3章 コミュニティの中の自分 ～多様性の意義～

第4章 アイデンティティのつくり方

あとがき

カバーデザイン　金澤浩二

"In the social jungle of human existence, there is no feeling of being alive without a sense of identity."

「この人間社会のジャングルの中では
自らのアイデンティティがなければ
生きている感覚すら得られないだろう」

Erik H. Erikson
エリク・H・エリクソン

心理学者 / 精神分析医
「アイデンティティ」の概念を提唱

第0章

なぜ今
アイデンティティなのか

自分を見失うタイミング

採用をしていたときの学生の話

前職で採用の責任者をやっていた頃、大学を卒業したばかりの新卒と接する機会が多かった。社会人生活がスタートしたばかりの自分より20歳以上年下の若者たちであり、これから会社の中で経験を積み、キャリアを形成し、責任ある仕事を徐々に任されていくという社会人のスタート地点に立っている人たちである。

その時点では大きなプレッシャーも無ければ、これから如何様にも自分の色を付けて変化していけるという、謂わばまっさらなキャンバスに近い状態にある。

そんな若者が、なぜだか表情が浮かない。学生時代の圧倒的な自由から、毎日出勤という慣れない生活リズムになったせいというのもあるだろうが、そのような生活に慣れた社会人2年目、3年目であっても悩んでいる人が多かった。そして、その数は時代と共に明らかに増加していった。

悩んでいるというのは、私生活というより自分の働き方やキャリアについてである。話を聞くと「自分がこのままこの仕事をしていていいのだろうか」や「自分の成長が感じにくい」という言葉が返ってくるのだ。

私自身が就職したのは1999年、まだ終身雇用が当たり前の時代であった。入社した場所で、まずは与えられたことを一生懸命しようと思っていた。評価されて、チャンスをもらって、少しでもいい給料がもらえる日がくるといいなという程度。

今考えれば意識は低かったとも言える。だが一方で、1年目の段階で10年後のキャリアや自分の成長を考えることはあまりなかった。と言うより、考える余裕もなければ、考えるべきだという考えもなかったのだと思う。

そこから15年~20年の月日が経ち、現在多くの若者たちが、自らの将来を考えて新人のうちから悩みを抱えている。

40代中盤のクライシス

自分と同世代の40代の仲間たちでも色々悩んでいる人は増えていた。社会に出て20年程が過ぎ、社会人生活や仕事には十分慣れた世代だ。会社内ではそれなりの責任を負わされて日々の仕事は忙しく、一般的には最も脂の乗った時期ともいえる。

しかし、忙しさがピークを迎える中、体力的にも20代とは異なる違和感を感じ、隙間時間にふと「10年後、20年後ってどうしているんだろう?」と考えるのである。とは言ったものの、明確な答えもなければ、今目の前にあるやらなければいけないこと、支えなければいけない家庭が存在していて、結局は自らを奮い立たせて日々のルーティーンに戻っていく。頭の中ではあと数年で子供も成人し、家族を支えるための労働義務がなくなった後のことが気になり、その漠然とした感覚は周期的に訪れる。

学生時代の友人たちはそれぞれ違った仕事に就いていたが、忙しい日々の合間の気の置けない仲間の集まりでは、年々そういった将来の話が多くなり、悶々としている人も増えていた。もっとも、ミッドエイジクライシスという単語自体は昔から存在しており、その年代にはこの現象は一定数必ず起こることだというふうに認識していた。

20代後半から30代のクライシス

新社会人の憂鬱やミッドエイジクライシスは、誰もが通る現象のひとつ程度としか思わなかったが、実は悩める世代は30代にも及んでいた。仕事も習得して、伸び盛りの世代であり、最も悩みが少ない年齢層だと思っていた。

ところが、職場で悩める40代を見ているせいなのか、**あるいは起業や転職を成功させて輝き出す友人が目につき始めるからなのか**、はたまた結婚や出産も含めた人生の転機ともいえるイベントが多い時期だからなのか、悩める30代からのキャリアも含めた相談は、確かに毎年増えていった。

私が前職を辞めて新しいことを始めようと思い出したとき、これらの各世代の悩める面々のことが、ふと改めて気になりだした。明らかに何かが変わりだしている。悩むということは、意思決定の中の健全なプロセスではあるのだが、その周期も数も明らかに年々増加している気がした。自分の周囲の人の特有な現象なのかとも思ったが、そういった意識を持って外部の色々な人と接していても、やはり同様の感覚を持っていた。

時代、転職、結婚、起業、家族、色々なキーワードが頭に浮かんではきたが、明確な理由はわからないものの、いくつかの仮説が自分の中で生まれてきた。

時は人生100年時代、名著『LIFE SHIFT』が絶大に売れている時代だった。

未来を選択する自由度

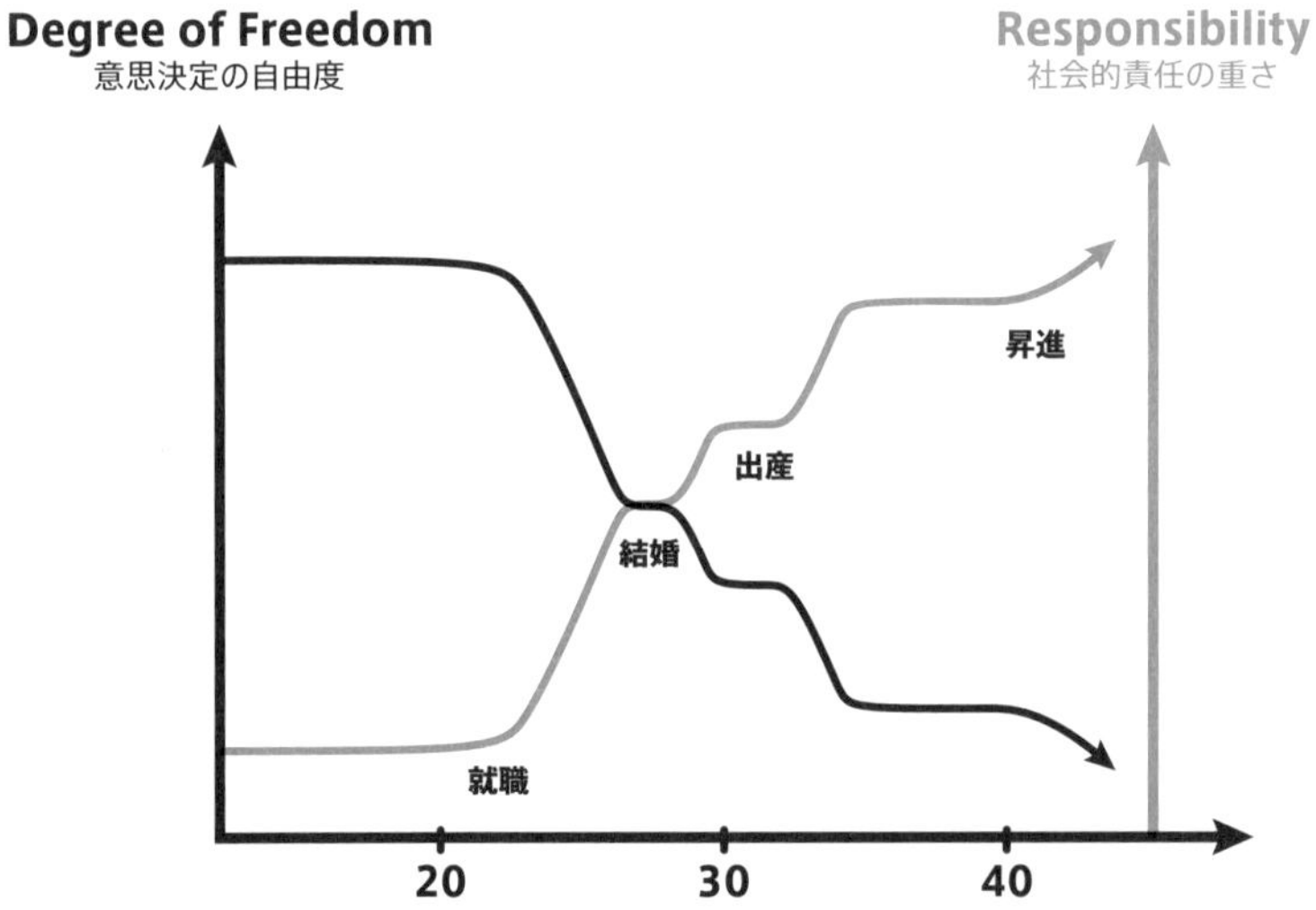

時間が経てば経つほど背負うものが増え
フットワークは重くなっていく

増加するアイデンティティ・クライシス

個性の幅、多様化の弊害、人生100年時代のプレッシャー

「人生100年時代―これからは健康寿命も長くなる。60歳で定年を迎え年金生活に入り、70歳から80歳で寿命を迎えるという生き方のパターンではなく、もっとライフスタイルは多様になり、好きなことをして生きていこう。」

一見すると素敵なメッセージである。しかし、急に自分のライフスタイルを変えるとか、セカンドキャリアを考えて行動するというのは、言われてもなかなか出来ることではない。仮にやりたいと思ったとしても、身の周りにそういう実例もあまり見たことがない上に、マニュアルがあるわけでもないので体は動かない。むしろ、ひとつの決めた道の中で上を目指し、社会人生活を全うするというのが先人から教わってきた生き方の指針であった。

「どうしたらいいのだろう？　これからの時代、このままではいけないのだろうな……」という想いが、今までの当たり前の生き方に不安を投げかけてくる。そういう観点で、多様な生き方というのはある意味残酷なのだ。無数の選択肢から自分に一番合うものを選ばなければいけない。しかも、人生という壮大なテーマに関して、だ。

ご飯を食べに行き、メニューの品目があまりにもたくさんあって、どれにしようかなかなか決められないという経験はないだろうか。

特に、高級なフランス料理やイタリアンで、馴染みのない単語や材料名がずらずらと並んでいて、気にはなるのだが明確な味のイメージができない。そんな多数のメニューからひとつを選ぶ難易度は非常に高く、私などはついつい「オススメはなんですか？」と聞いてしまう。

それであればコースを選べばいいじゃないかとなるのだが、コースを選ぶときにはまるで自分から自由な選択権を奪われたような感覚に陥り、急になぜか自分でも選びたくなる。

シェフにオススメを選んでもらうのと、コースを選択するのとでは、もしかすると結果的に選ぶメニューは同じになるのかもしれないが、店員のオススメに従って選んだ場合の感覚はまったく異なる。アドバイスを基にして、自分の意志で選択したような気分になるのだ。

選択肢はあったほうが良く、かつ、少ないほうが楽なのだ。だから、一定のマニュアル化された社会は窮屈にも感じるのだが、実は気が楽でもある。

いい高校、いい大学、いい就職先など偏差値を始めとした画一的な物差しを使い、限定された選択肢の中から進路を選んでいくというのは、謂わばちょうどいい選択のメカニズムと言えるだろう。

そのような世界の中でどっぷり長く過ごしてきた人にとって、**無数の選択肢から自由に好きなものを選択して良いというのは、実は非常に難しい**。しかも、何らかの選択をすることを全肯定している時代の空気感も相まって、うまく選択できない自分がダメな気がしてくる。

人生100年時代そのものは実に素晴らしいコンセプトなのだが、そこに無理に適応しようとすることは、今の現代人にとっては多大なる苦痛を伴うのだ。かつて同様のことをエーリッヒ・フロムが著書『自由からの逃走』の中で触れていることが想起される。

選択肢と自由度のバランス

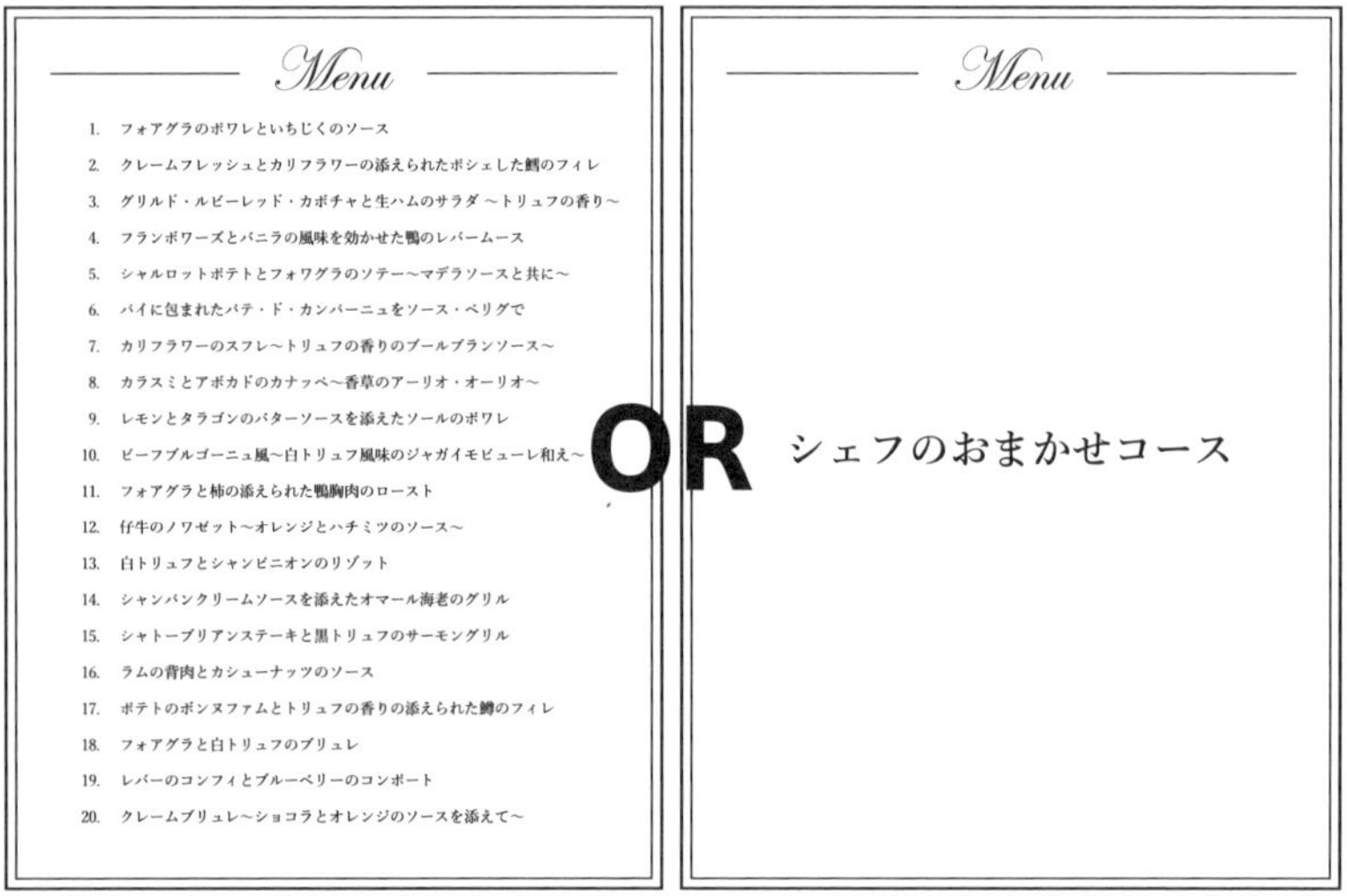
Menu
1. フォアグラのポワレといちじくのソース
2. クレームフレッシュとカリフラワーの添えられたポシェした鱈のフィレ
3. グリルド・ルビーレッド・カボチャと生ハムのサラダ ～トリュフの香り～
4. フランボワーズとバニラの風味を効かせた鴨のレバームース
5. シャルロットポテトとフォワグラのソテー～マデラソースと共に～
6. パイに包まれたパテ・ド・カンパーニュをソース・ペリグで
7. カリフラワーのスフレ～トリュフの香りのブールブランソース～
8. カラスミとアボカドのカナッペ～香草のアーリオ・オーリオ～
9. レモンとタラゴンのバターソースを添えたソールのポワレ
10. ビーフブルゴーニュ風～白トリュフ風味のジャガイモピューレ和え～
11. フォアグラと柿の添えられた鴨胸肉のロースト
12. 仔牛のノワゼット～オレンジとハチミツのソース～
13. 白トリュフとシャンピニオンのリゾット
14. シャンパンクリームソースを添えたオマール海老のグリル
15. シャトーブリアンステーキと黒トリュフのサーモングリル
16. ラムの背肉とカシューナッツのソース
17. ポテトのポンヌファムとトリュフの香りの添えられた鱒のフィレ
18. フォアグラと白トリュフのブリュレ
19. レバーのコンフィとブルーベリーのコンポート
20. クレームブリュレ～ショコラとオレンジのソースを添えて～
OR
Menu
シェフのおまかせコース

選択肢の多さは時にストレスになる

ＳＮＳの登場と他者との比較の頻度

時間軸上では「人生１００年時代の台頭」の少し前に「ＳＮＳ時代の到来」がある。皆さんもFacebook、Twitter（現X）、Instagramなどを日々利用している人が多いのではないだろうか。日本においては２０１０年以降に急速に普及していった。

Facebookは２０１０年に日本法人が開設され、２０１１年にFacebook創業者マーク・ザッカーバーグの自伝映画『ソーシャル・ネットワーク』が公開され、その後爆発的に拡散されていった。Twitterもタイミングは重なっており、２００８年に日本語版が誕生、２０１０年から２０１５年に利用者は急増した。著名人や芸能人が続々とアカウントを開設し、独自のオピニオンや様々な情報を発信していった。

Instagramはもう少し新しく、２０１４年に日本語版が開設され、２０１６年から２０１８年に利用者が増加した。Twitterが文字を中心としたＳＮＳなら、Instagramは画像や動画を中心としたメディアであり、若者を中心にライフスタイルを発信する情報源として利用されてきた。

これらのＳＮＳは、芸能人のみならず「インフルエンサー」と呼ばれる「影響力のある有名な一般人」を誕生させ、様々な生き方や意見というものを、身近な情報として得ることを可能にした。

先述の人生100年時代の中、世の中は「多様な生き方」を尊重する文化が急速に台頭し、半マニュアル化した人生を過ごしてきた若者や、30代・40代も「多様な生き方」という無限のメニューの中で、何が正しい選択なのかを模索していた。

サンプルとなる生き方や情報は、SNSを通じて日々大量に流れ込んできて、その生き方と自分を照らし合わせるようになった。SNSで発信される情報や姿は、実際は全体像の中のごく一部であり、いい部分だけが誇張されている。多くの人々の注目を引くには、それに値するだけのインパクトが必要であり、結果そこで発信される情報はすべて華やかに「加工」されたものが横行する。

その膨大な情報がより一層、自分にあった生き方が何かをわかりにくくさせていった。人生100年時代とSNSで散見される（見かけ上の）膨大なパターンのライフスタイルのコンビネーションが、個人のアイデンティティ・クライシスを加速させていったのだ。

アイデンティティ・クライシスの根本原因

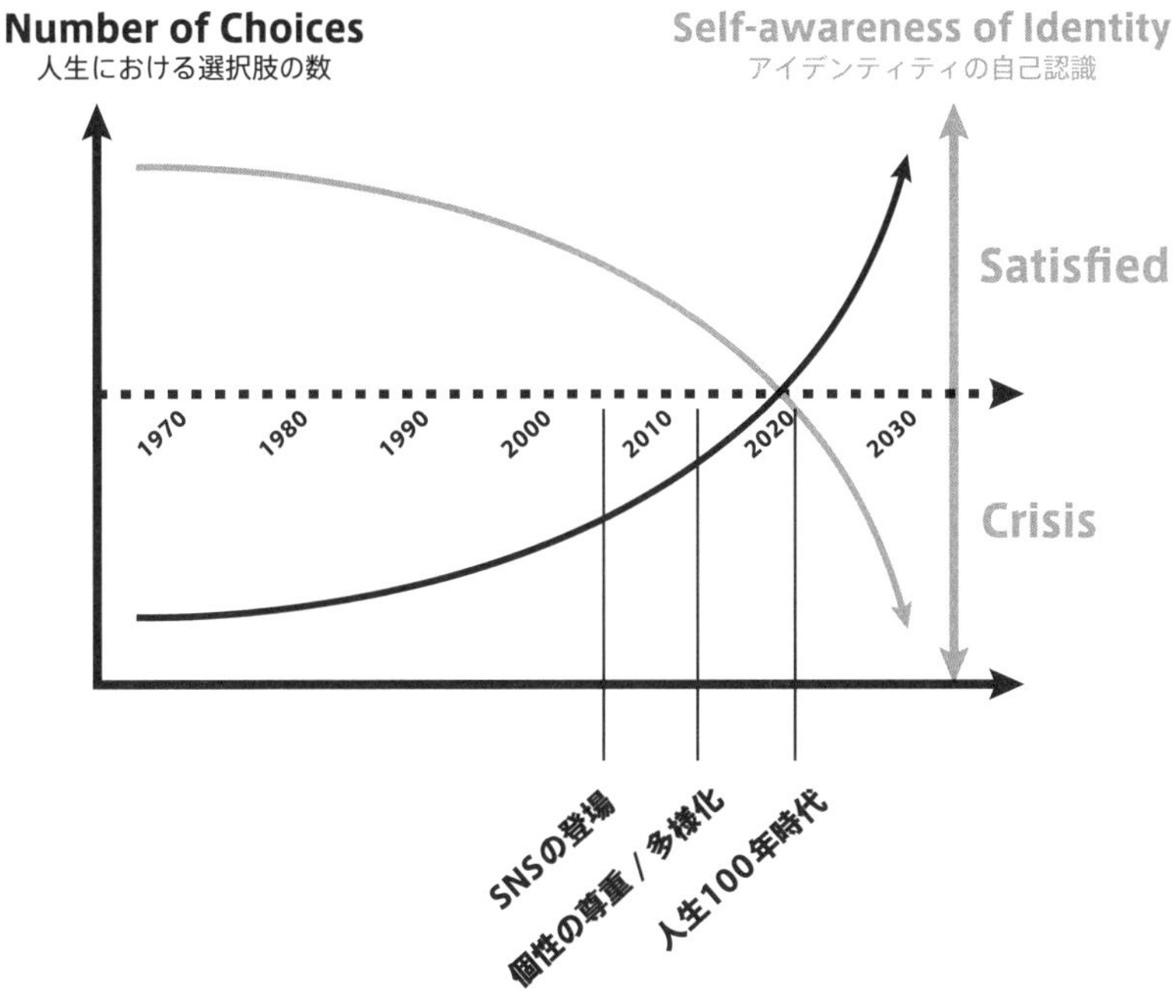

アイデンティティとは何か

ここで本書のテーマである「アイデンティティ」とは何かを考えたい。

辞書でアイデンティティと調べると「正体、身元、その人が誰で、そのものが何であるかということを表す性質や条件」と出てくる。

街中でＩＤの証明を要求されたときに、パスポートや免許証等の身分証明書を出す文化を思い出すとしっくりくるのではないだろうか。また多くの人にとっては、アイデンティティと聞いて出生地や育った国を思い浮かべる人もいるかもしれない。

しかし、この本で扱うアイデンティティは少し毛色が異なる。先ほどのアイデンティティ・クライシスの話を考えると、それは「自分はいったい何者であるかをうまく説明できない状態」、つまり「現状の自分や未来のなりたい自分を説明できない状態」のことであった。

「私は〇〇大学の〇〇です」や「私は〇〇会社の〇〇です」というのは、ひとつのアイデンティティの表し方であるが、それらは肩書であり、今自分が何をしているのか、これからどこに向かっているのか、という点についての描写が不十分である。

海外の人が「what do you do?」と聞くと、日本人は会社名を答えるという。「どんな仕事をしていますか？」という質問なので、「コンピューターエンジニアです」とか「マーケティングです」と答えるのが自然なのだが、つい所属している企業や組織名を言ってしまう。

つまり「アイデンティティ＝肩書」になっていて、アイデンティティが「自分がやっていること」とは微塵も思っていないように聞こえてしまう。

その前提の中であれば、確固たるアイデンティティとは、「ブランドのある組織への帰属」となってしまい、所属すること自体が目的化してしまう。そうなると終身雇用ではない多様な生き方が是とされる時代においては、強いアイデンティティを形成するのは非常に難しくなる。

また、アイデンティティが「現在の自分」や「なりたい自分」のことだとすると、年齢と共にそれが刻々と変わっていくのは至極当然のことである。

そしてそれは決して肩書探しの旅ではなく、「やりたいこと」や「なりたい自分」という近未来のビジョンを描きながら、その仮説に向かって日々意思決定を連続する自分自身の姿ということになる。

日本でここ最近、アイデンティティ・クライシスが多くなったことの根本原因は、自分の人生が他人から見て「素晴らしい肩書の連続」をつくり出さなければいけない、という長年にわたって培われた固定観念によって生まれている。

もしアイデンティティというものが、肩書とは関係がないと聞くと、（現実はそうではないと思うかもしれないが）アイデンティティづくりにおいては、少しスッキリするのではないだろうか。

アイデンティティとは「胸を張って自分がやっていること、もしくはこれからなろうとしている姿」のことなのだ。

自分にとって望ましい未来

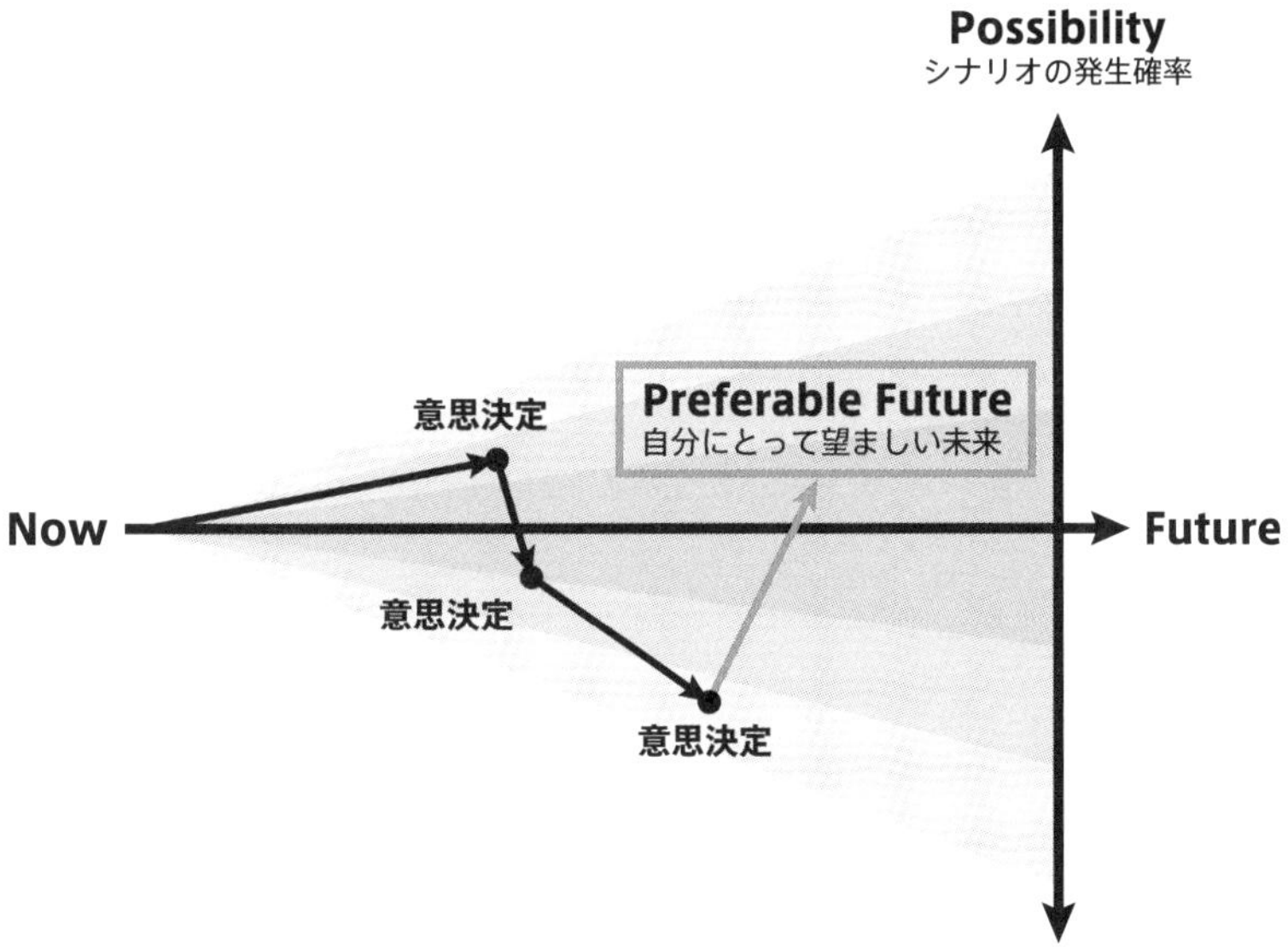

未来はその起こり得る確率によって無限のシナリオがある。その人生の可能性の幅の中で「自分にとって望ましい未来」を選択し意思決定を続けることがアイデンティティを形成する。

大いなる一歩を邪魔するもの

「自分とは何者か？」を考える上で、決して小難しいプロセスを覚悟する必要はない。自分がワクワクすることや楽しいと感じること、自分が情熱を持っていて自然と詳しくなっていること等、心が動く原点に立ち返ればいい。

「こんなことを言ったら人にどう思われるだろう？」などと考え出すと、再びアイデンティティ探しの迷路に入り込んでしまう。

アイデンティティの原点は、自分の本能が欲求する部分に近いことが大事である。そして、それは極めて抽象的なものでも構わない。

「人にすごいと言われたい」「子供に慕われたい」「貯金額をチェックするのが大好き」「暇があるとグルメページばかりを見ている」。スタートはこれぐらい抽象的であったり大雑把で良いのだ。

子供の頃を思い出してほしい。もしくはお子さんがいる方であれば、そのお子さんが幼稚園児ぐらいの小さい頃を思い出してみてほしい。何をするにしても「ママ見て！　パパ見て！」だったと思う。

そして、昆虫に詳しい、恐竜に詳しい、折り紙が好き。そんな全ての些細なことでも「すごいねー」と言っていた、もしくは、言われていたのではないだろうか。

親や先生に褒められることで、子供たちは自己肯定感を自然と育んでいくことができ、自分は何者だろうかという疑念を抱くことも殆どない。それが小学校に入り、中学受験や塾に通うようになり、かつての「昆虫博士」や「恐竜博士」は評価されないものへと変わり、「そんな暇があるなら勉強しなさい」「いい学校に入れないよ」「立派な大人になれないよ」という言葉を浴びせられる。

親に認めてほしいという自己肯定感の源泉はいつしか、画一的な物差しによって測られるものに変わっていく。その物差しは、偏差値や順位という他人との相対化によって浮かび上がる極めて一般化された世界だ。

そんな思春期を過ごし、大学生や大人になっていき、いつしか自分の自己肯定感は「偏差値の物差し」で測った大小の値で決められていく。

ところが実際に社会に出ると、物差しの種類は実に多様であることに気づく。高校時代の成績で会社のパフォーマンスは決まらなければ社会性の高さも決まらない。そして生き方も実にバラエティに富んでくる。親や周囲は、急に「自分の好きなことをしなさい」「自分で決めなさい」という。

謂わば、今まで言われてきたことの真逆に近いことを要求してくるのだ。もちろん急に対応できるわけないので、その場凌ぎとして、これまでの人生の意思決定の中でずっと使ってきた画一的な物差しをもう一度引っ張り出してきて、それで物事の大小を測ろうとする。

例えば他人が持っている資格、みんながいいという留学先、インターン、企業名、年収、家賃等々。自分の物差しではなく、他人の物差しの本数を集めて対応しようとする。かくして、英検、簿記、米国留学、3社でのインターン経験といったように武器集めに奔走する。使うための武器ではなく、魅せるための武器として。

評価軸が膨大に存在する社会において、社会の物差しで測った武器を集めようとするとキリがない。社会の評価軸が変化すれば、武器もまた新しく出てくるのでエンドレスゲームだ。その条件下で強い自己肯定感を育むのは至難の業であり、自己喪失感に繋がる。

大事なのは自分の物差しをつくることなのだ。その物差しは人と違ってもよいし、時間と共に変わってもよい。膨大な情報と多様性が許容される時代においては、自分の物差しが形成できない限り、アイデンティティ・クライシスを起こしやすい状況は続いていく。

自分の物差しづくりを始めるにあたっては、まず前述の通り、幼少期のように自分の本能に向き合って自分が何を求めているのかを自問自答していくのだ。そして自分のできること、持っている能力とを組み合わせて、ゆっくりとアイデンティティを探っていく。

自分にとって望ましい未来は自分固有のものであり、それを実現させるためには、今までの常識や固定観念の殻を少しだけ破って行動していく必要がある。

読者の皆さんには、この機会にゆっくりボーっとしながら過去を振り返る時間をつくってみてほしい。スマートフォンを見るのをストップして、テレビを消して、半日でも数時間でも、自分の幼稚園や小学校、中学校の頃の楽しかったときを思い出してほしい。

どんな自分だっただろうか？

何に熱中してきたのだろうか？

常識の殻と望ましい未来

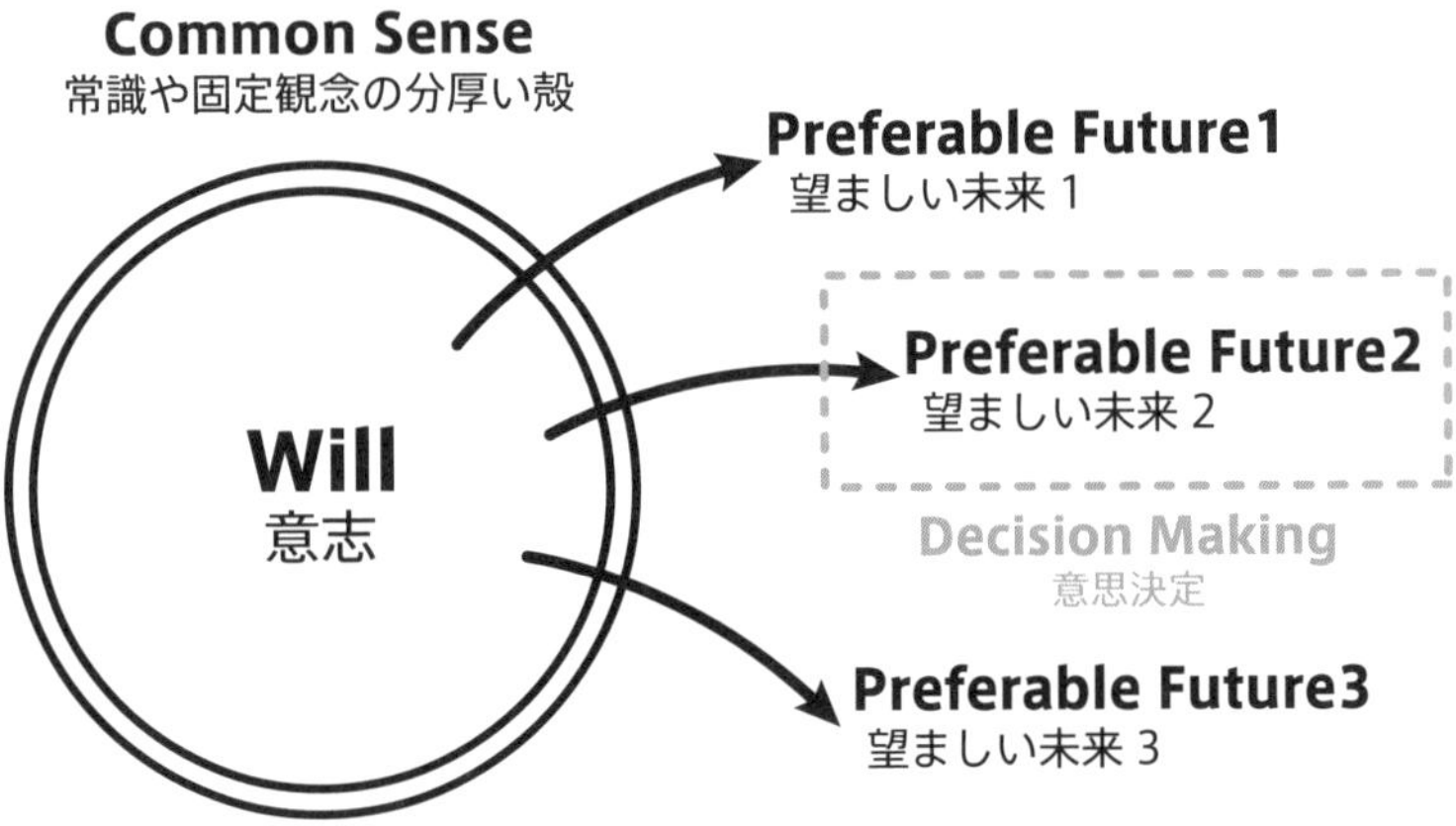

社会が決めた常識の殻（年収？偏差値？普通？）を破り、
自分にとって望ましい未来に行くための意思決定をする。

3つの論点

もし自分の「アイデンティティ」が「常識や固定観念という殻を破り、自分にとって望ましい未来へ向かうための意思決定の連続の産物」であるとするならば、その肝心の「意思決定」を阻害する要因は一体なんなのだろうか。我々はそこに大きく3つのイシューがあるという仮説を立て、全3章にわたって各課題の深掘りと、我々が考える解決の糸口を提示したいと思う。

第1章では、意思決定を邪魔する外的要因にアプローチする。それは自分がリスクを背負ってまで踏み出す大いなる一歩の先にある「なんとなくの不安」についてだ。

この選択で、果たして食べていけるのだろうか？ みんなからバカにされるのではないか？という漠然とした不安が、納得感ある意思決定の大きな阻害要因になっているのは間違いない。

多くの人はこれらの「不安」をぼんやりしたイメージのままにしているのだが、実はそれらを客観的な指標で徹底的に因数分解し、見える化することでモヤモヤの大部分を晴らすことができる。

自分の感情は一旦横に置いて、ただひたすら定量化していくことの重要性にフォーカスを当てていく。

第2章では、自分自身の中に潜む内的要因について考える。**それはそもそも「自分にとって望ましい未来像」が、もっと平易に言い換えれば「やりたいこと」自体がわからないという問題である。**

大半の人は恐らく大学受験の学部選びの際に初めて向き合うこととなり、次に就職活動、そして年齢を重ねるに従って次第に考えることすらやめてしまうのだ。実際のところ、どんな人でも自分がパッションを燃やせるテーマというのは存在するのだが、それは他人の物差しや常識に埋もれてしまって見えなくなっている状態にある。

我々はそこにデザイン思考の枠組みを用いて、自分自身を「クライアント」と捉え、そのインサイトを抽出し、ビジョンを描くというステップを踏んでいく。

最後の第3章では、それまでの外的要因と内的要因のイシューが解決されても尚、前に進めない人のマインドセットの部分に目を向けていく。**それは自分が「みんなと同じレールから外れてしまう」という恐怖、すなわち社会的要因の部分だ。**

これは第0章で触れた自己肯定感と密接に関連している。

幼少時には好きなことで周囲から褒められていたにもかかわらず、途中から画一的な物差しでジャッジされることで、自分と社会とのズレや違和感を覚え、自分の意思決定に自信を失っていく。それでもレールにいなければ、と自分を抑え込む日常が続く。それではもし、大人になった今の自分が好き放題やっても心底評価してくれる世界線が存在しているとしたらどうだろう。

我々は、互いが互いの価値観をリスペクトできる良質なコミュニティとの出会いこそが、自分軸の物差しを形成する上で最重要であると考え、自分の戦略的マッピングについて議論する。

本書では、ややもするとユニークな生き方を押し付けられているようで、人生100年時代というコンセプトに生き辛さすら感じるすべての人へ、既にマニュアル化された教育や働き方を強いられ、凝り固まってしまった「意思決定のセンス」を磨くための実践的な方法論を展開していく。

「自分は一体何者か」という究極的な問いに対して、自分なりに腹落ちのある仮説を創造できるよう、抽象的なセオリーと具体的なメソッドを織り交ぜながら掘り下げる。主観と客観を何度も往復しながら、自分自身の「これまで」と「これから」とじっくり向き合っていく時間にしていただけたらと思う。

意思決定を阻害する要素

	Issue 課題	Solution 解決策
External 外的要因	「なんとなく」の不安 ＝そもそも食べていける？	見えない情報の定量化 ＝徹底的な因数分解と数値化
Internal 内的要因	やりたいことがない ＝どの道に進めばいいいか不明	デザイン思考プロセス ＝自分のインサイトと向き合う
Social 社会的要因	レールから外れる恐怖 ＝自分の居場所の喪失	多様なコミュニティ ＝個性が許容される集団

第1章

「なんとなく」をなくす
～客観分析の訓練～

不安の正体

読者の皆さんはほぼ全ての人がスマートフォン（以下スマホ）をお持ちではないだろうか。2023年時点でスマホの日本における普及率は約90％にも上り、大学生以上の殆どの方は所有しているが、2010年時点ではその保有率は10％未満であり、この十数年で爆発的に普及した。

国民総スマホ時代になると第三者との連絡のみならず、Googleなどの検索プラットフォームを使えばあらゆることが瞬時に手元で調べられるようになった。かつては何かを調べるときには、まず調べることを明確にしてから図書館に行くか人に聞くなど、それなりの手間がかかったことを考えると飛躍的に便利になった。

Twitter（現X）、Facebook、InstagramなどのSNSツールもスマホの普及とタイミングを合わせるように身近なアプリとなっていった。これらのアプリは、開くだけで何かを調べようと思っていなくても、自分の検索履歴や登録属性に合わせて様々な情報が飛び込んでくる。かつての能動的な情報アクセスとは別で、受動的な状態で情報の海の中に投げ出される。

実は人が意思決定をする際の不安の根源の一つがここにある。

ＳＮＳの中には、色々な人の生き方や主張、意見が盛り込まれている。起業家は起業の素晴らしさを説き、変化に富んだ日々の生活や事業の進捗をクローズアップし、インフルエンサーと呼ばれる人は毎日の華やかな食事や旅行先の情報を掲載する。

目にするもの全ては華やかな一面が切り取られ、見る人にとってはあたかもそれが日常の全てかのように映る。脚色された膨大な情報は見る人の興味を引くと同時に、隣の芝生が常に青く感じて不安を増大させる。自分はこのままでいいのだろうかという気持ちになる。

このように消化しきれない加工された情報が毎日大量に脳に入ってくるために脳が消化不良に陥るのだ。

我々が一日で得られる情報はこの10年~20年で１００倍、１０００倍かそれ以上になったかもしれないが、それを咀嚼する脳のクオリティは昔と変わらない。脳の消化不良は不安を増幅させ、自分の中で消化される前にまた新たな大量の情報が流れ込んでくる。

国民総スマホ時代にはまず、膨大な情報の取捨選択という行為が必要不可欠になる。日々起こっていることの事実の量は今も昔も変わらない。我々が不安に思う殆どの情報は、実は事実ではなく「加工された他人の意見」だ。この見極めが大事になる。

華やかに見せている起業家の裏には、日々売上に追われて達成できずに苦しんでいる人間模様があり、華やかなインスタグラマーも本当は日々、孤独感を感じているかもしれない。目に見えるものは事実の全体像ではなく、ある切り口からの見た目なのだ。

投資の世界のトッププロに「絶対儲かる方法を教えてください」と聞けば「そんな方法はないよ。あるならば自分が実践して数千億を手にすることが可能だし、もしみんなに当てはまるそんな方法が存在するならそれは儲からない方法となる」と答えが返ってくる。非常に的を射ているが、聞いた人としては拍子抜けしてしまう。

それにもかかわらず、書店やネット上には「億り人になるための3つの方法」や「絶対成功する投資術」なる本が並び、人はそれを手にしようとする。

さらにエスカレートすると、課金制の投資コミュニティ、投資アドバイスや投資商品の勧誘などの世界に導かれていき、詐欺の被害に遭う。

人の欲望の周辺には間違いなく、加工された事実が存在し、恣意的な方向に導こうとする。最悪の場合は詐欺に引っかかり、運よくその危険を感じることができた人は被害を避けるために、その方面の全ての情報をシャットダウンしてしまう。これでは正しい情報も得られなければ、行動の選択はできないだろう。

我々のすべきことは、情報を無差別に受け入れる事でも拒否することでもない。

膨大な情報の中で事実と意見を分けて捉え、「客観性」という眼鏡で世界を一度フィルタリングする必要があるのだ。なんとなくの不安を増大させている「隣の芝生が青い現象」を、自分の芝生にも当てはまるか検証してみる行為ともいえる。

体は一つしかないので実際の検証をいくつもできないが、ここでバーチャルの世界での主観と客観の行き来が大事になる。

不安にさせているなんとなくの事象を掘り下げて、不必要な意見と必要な事実に分解していこう。それができれば、目の前の靄はだいぶ晴れる。

ファクトとオピニオンの切り分け

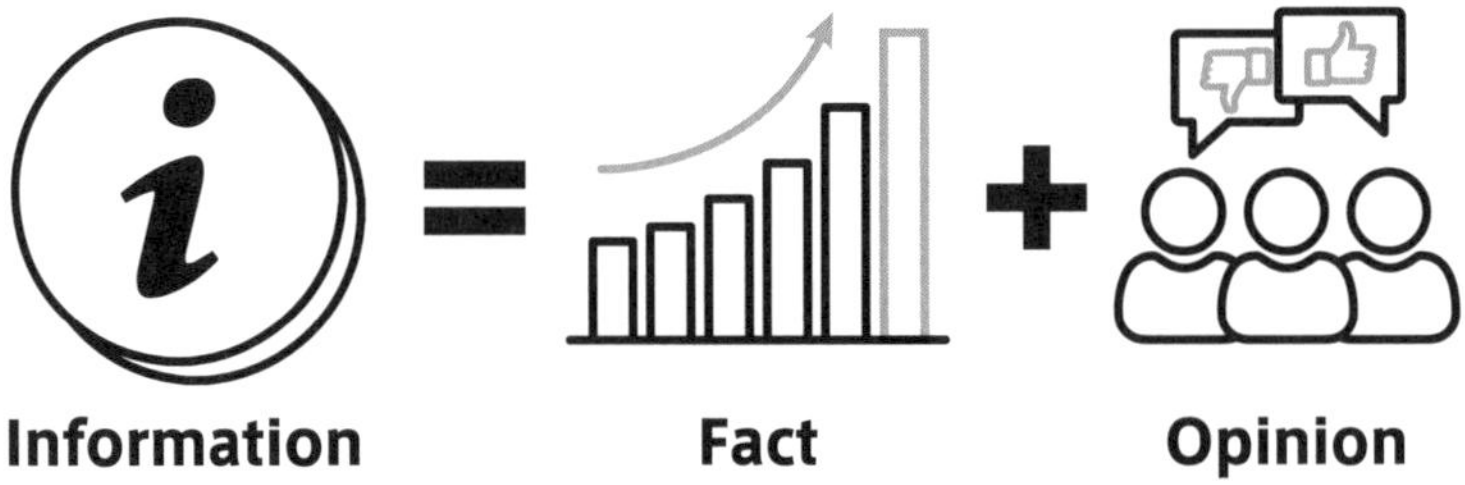

目の前の情報が「事実」なのか
「意見」なのかを見極める必要がある

定量的に考える

健康診断で血液検査や尿検査などのひと通りの検査を受けたとしよう。その後、検査結果を踏まえた先生との問診で「血糖値が１５０ｍｇ／ｄＬで、基準値の上限よりも40程度高く、血圧も上の値が１５０ｍｍＨｇ、下の値が１００ｍｍＨｇで標準の範囲より高いですね。糖尿病などのリスクが高いので食生活を改めて、今の体重から5キロ痩せてください」と言われたとしよう。

確かに最近食生活も不安定だし、日常生活でも体がだるく感じるので、気持ちを入れ替えてダイエットしようと思うかもしれない。

一方で、先生が「血液検査の結果が正常値から少しだけ外れているので、まぁできれば気をつけたほうがいいですね。血圧ももう少し下げたほうが今後の病気を考えると良いので、これから食生活も気をつけて少しダイエットしてください」と言われたとする。

どちらのほうが今後の日常の中で目標を持って頑張ろうと思うだろうか？

血糖値を40下げて体重を5キロ下げるという、目標がクリアな前者ではないだろうか。後者のコメントを言われた人は「先生はもう少し食生活に気をつけろと言ってたけど、そこまでシリアスでもないみたい」と思い、行動を先延ばしにする可能性は高い。

健康は万人にとって一番大切なものであり、だからこそ健康診断というのは全ての項目が数値化されていて見える化されている。

つまり、個人個人の感覚的なものはなるべく排除して、一般化された数字で判断され、それを基に会話する。従って事の重大性は非常にわかりやすい。自分の血圧が170だったとか、肝臓の数字が健常者の5倍の値だった、という表現で重大さは明確に伝わり、人は危機感を持って行動する。

受験などの勉強もそうかもしれない。「よくできる」「すごくできる」「もう少し頑張ろう」という表現は、受験などの合否の判断には使えない。だから偏差値のように、一般化された数字に置き換えようとする。

一方で、数字というものは明確に優劣を表現することができるからこそ、人を傷つけやすい側面も持つ。もしそのスコアの違いが個人の能力の大きな差を表すものでないなら、なるべく定性的な表現を用いて相手を傷つけることなく、頑張りを喚起したいと思うものだ。

その結果、一般化された数値を用いず、あいまいな表現で相手に注意喚起を促すことがよくある。これには一理あるのだが、その「なんとなく」を連続することで、問題の原因が特定化しにくくなる。ここではまず意思決定の訓練としてあいまいな「なんとなく」をなるべく数値化して考えていくことに重きをおく。

数値化は、健康診断のような重要事項では当たり前のことだが、日常生活でも数値化されていることで役に立つものはたくさんある。

例えば、某有名カレーチェーン店の辛さ表記。辛さはノーマルの上に1辛から10辛まで10段階ある。辛いもの好きの人は多いが、ちょっと辛口が好きなのか、激辛好きなのかは個人差があり「辛いもの好き」という表現にも個人でのバラツキがかなりある。

その中で数値化されたランキングは大いに助かる。自分は4辛がちょうどいい。4辛は自分には辛すぎるから3辛なのかなと、自分の好みが数字で表されることで、自分の好みのカレーを頼む際に信頼できる指標となる。するとそのお店に足を運ぶ度に自分の好みに合った辛さのカレーが再現性高く出てくるので、結果的に繰り返し訪問したい店となる。

このように感覚的なものを定量化すると意思決定は格段に楽になる。

秒単位で連続的な意思決定を必要とされるスポーツも、実は「定量化」によって抜本的に改革された。野球選手が属人的な経験によって相手投手の配球を読むという時代から「データ野球」としてカウントごとのピッチャー、キャッチャーの球種、配球の癖を数値化して打席に臨むという時代だ。

緊張状態の中で、次はどんな球が来るだろうという「なんとなく」の不安は、この「数値の道標」によって大きく解消される。野球以外でも、サッカー、テニス、ラグビー、バスケットボールなど、様々なスポーツでデータによる意思決定の合理化が進められている。

意思決定が苦手な人は、会話の中に「すごく」「めちゃくちゃ」「みんな」などの大小を誇張表現した言葉が多い。

「あのフィットネスジムはめちゃくちゃいいよ！　値段は結構高いけどみんな行ってるし、すごい効果がある」と聞くと、そのフィットネスジムに興味は湧くのだが「毎月いくらなのだろう」とか、「みんな」って誰のことを述べていて「すごいってどれぐらいだろう」と思う。

意思決定というのは「自分がその選択のリスクを取った後に後悔しないか気になるから」躊躇してしまうのであり、定性的な表現はその躊躇の解決策としては弱い。「なんとなく」の不安が見える化されないから判断しにくいとも言える。

だからメディアで目にするプロのマーケターがつくるキャッチコピーは「利用者の95％が満足している」というふうに、数値化することで、客観性を与えて説得力が高いものにしている。

ぼんやりした感覚的な表現が多い人は、自分のモヤモヤを明確にしないでぼんやりしたままにしておく傾向があり、その結果、人に伝える文章の中にもあいまいな表現が多くなる。


まずは、「日常の様々なことを定量的に考える」ことを心がけよう。

「私は理系じゃないから数字は苦手なんだよ」と思う人がいるかもしれないが、そんな難しいものでは全くない。スポーツが、算数が得意な人の競技ではないのと同様に、定量化思考は日常の簡単な訓練で格段に磨かれる。

定量的に考える

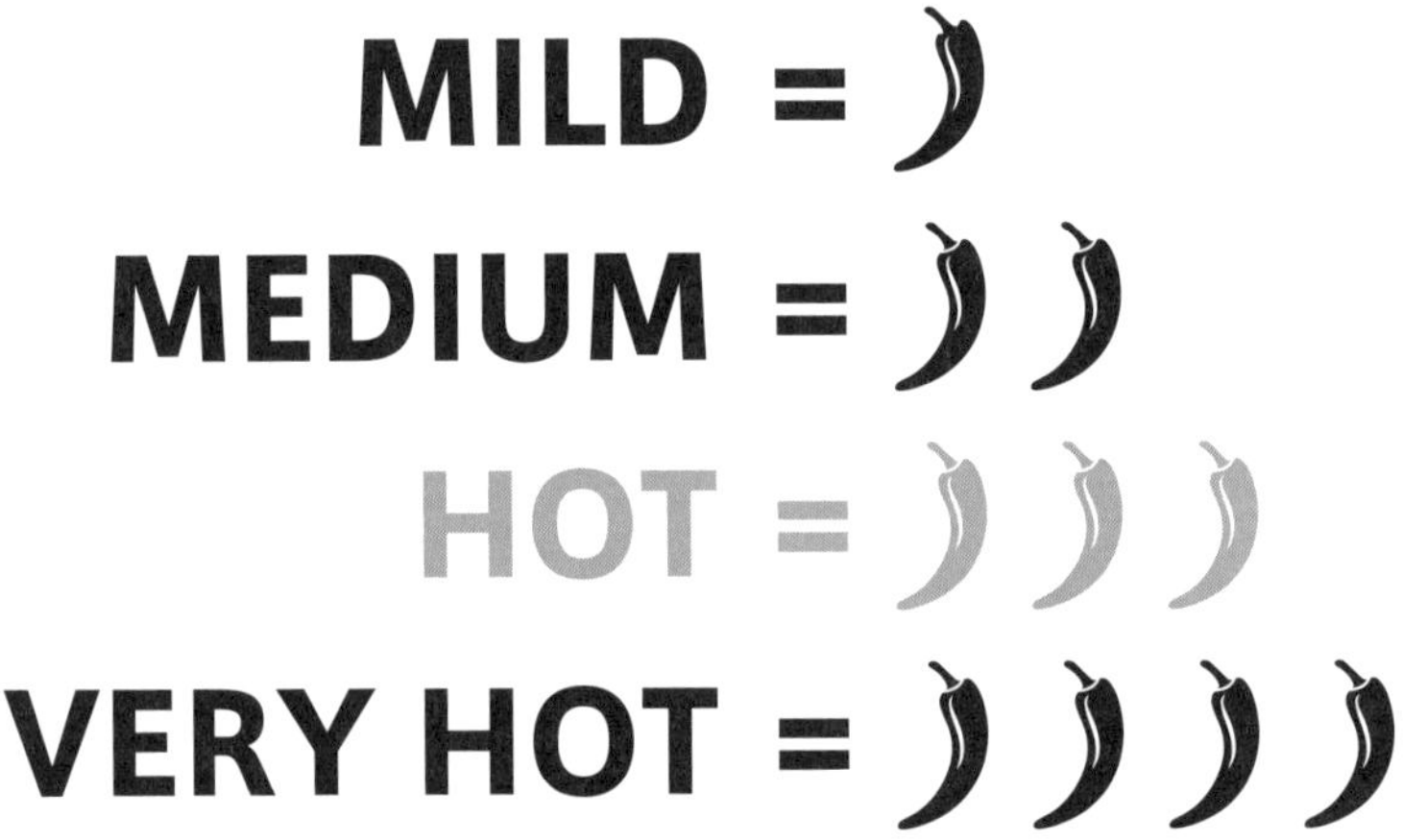

感覚的な情報でも定量化することができる

因数分解思考

物事を定量的に捉えることが出来るようになれば、次のステップは因数分解思考だ。行動を単純に分解するというだけの話で、全ての人が日常的に気づかないうちに行っている。

あるビジネスマンが、15時に大阪にある顧客のオフィスでのプレゼンの為に、東京から日帰り出張をするというケースを考えてみる。15時にプレゼンが始まるので顧客オフィスのビルの下には14時50分には着いておくとすると、現時点からの行動は、資料の準備↓オフィスを出る↓東京駅に着く↓新幹線に乗る↓14時50分にクライアントオフィスに到着するというふうに行動が分けられる。誰でも新幹線の時間ぐらいは調べるだろう。12時東京駅発に乗れば14時半に新大阪駅に到着する。であれば、目的地には時間通りに到着するだろうと。

ただ現実にはイメージとのズレが生じる。

「すいません、道が大変渋滞していまして到着が10分ほど遅れます」とか「すいません、電車の接続が悪くて10分ほど遅れます」という会話は経験したことがあるのではなかろうか。

行動を因数分解する

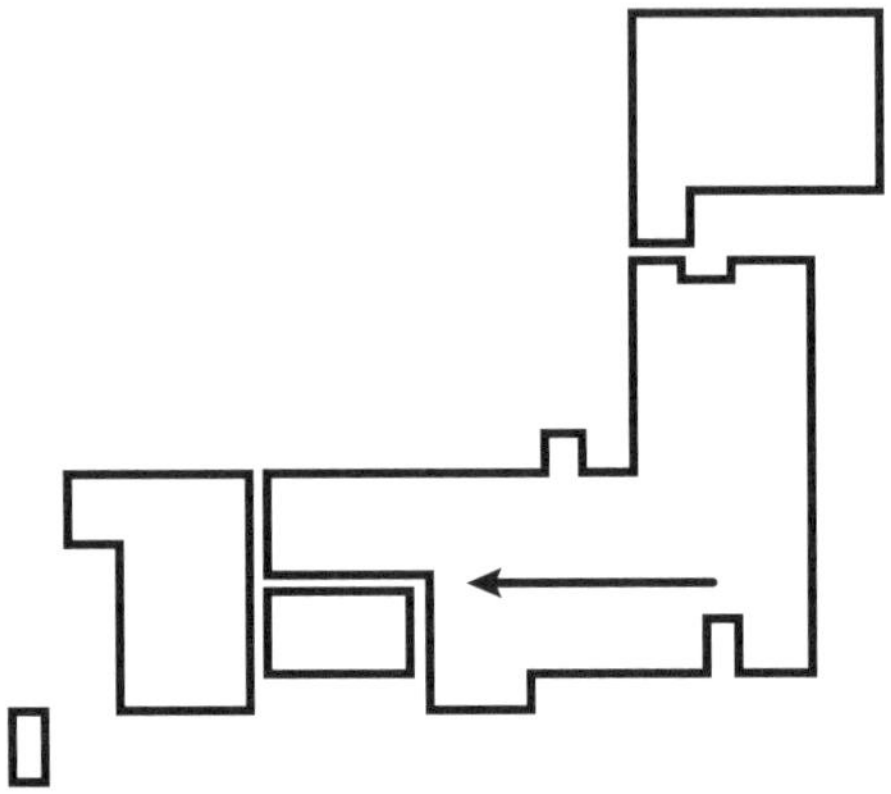

解像度が荒い人

東京駅までのタクシー	約 20 分
東京駅 - 新大阪駅の新幹線	約 150 分
新大阪駅から最寄駅まで	約 10 分

解像度が細かい人

オフィス高層階フロアでの EV 待ち	5 分
オフィスビルから大通りまでの徒歩	7 分
大通りでのタクシー待ち	3 分
東京駅までのタクシー	23 分
東京駅ホームでの新幹線待ち	12 分
東京駅 - 新大阪駅の新幹線	144 分
新大阪駅での在来線待ち	12 分
最寄駅からクライアントオフィス	8 分

合計 約180分 ←→ 合計 214分

34分の誤差

ここでは大きな意味での行動の因数分解はできているのだが、最後の新大阪駅から現地到着が因数分解できていない。新大阪駅何分発の電車で最寄駅に何分に着いて、徒歩何分かという部分だ。電車の所要時間と、最寄駅からの徒歩時間は計算しているが、電車が来る時間までは見てないことが多々ある。電車は自分がホームに着いたとたんに来るとは限らず、場合によっては10分に1本ぐらいかもしれない。地方への出張なら電車の本数を調べるだろうが、都心部であるがゆえに5分に1本は来るだろうという思い込みが判断材料になっている。

このように行動を細かく因数分解して分けるというのは定量化思考のセカンドステップとして大事な訓練となる。しかしながら、ただとにかく細かく分ければいいというものではない。

因数分解思考の重要性が求められる別のケースとして準備時間が必要とされる資格試験や定期試験がある。誰もが学生時代に定期試験で、数学や英語の試験まであと一週間だから毎日一定量を勉強しようと、試験範囲を分割して計画通りに行おうとした記憶があると思う。

しかし、実際には予定通り勉強分野が完全に終了して目標通りの点数を取れることは少なく、最後は追い込まれる中での「出たとこ勝負」で試験に臨むことが多い。

これに関して、試験範囲を因数分解して毎日の作業量に落とし込むところまでは良いのだが、実際には想定通りには進捗しないというのが鍵になる。得意分野もあれば苦手分野もあり、理解や進捗に大きなバラツキがあり、予定通りに事は運ばず、最後に焦る羽目となる。その場合、因数分解をやり直さないといけなくなるのだ。

これは非常に難易度が高い。まずは大雑把に範囲を分割して予定をスタートさせる。しかし、進捗が良くない場合は、因数分解をやり直さないといけない。試験の場合は初めの章だけを完璧にしたところで高得点は取れない。全分野から幅広く出題されるので、広く浅くすることが求められる。ところが初めの範囲分割では、各分野をきっちり完了させることを目的としているので、最初から一つひとつ完ぺきにこなそうとすると遅々として進まない。途中から広く浅く範囲全体を網羅するために作業を分割し直す必要に迫られる。さらりと例題をやって、2周目に応用問題をするというふうにある程度雑に攻めることが大事となる。

この場合の因数分解は図のように、作業を細かく分けた後に前から順番にアプローチしながら途中で後ろから進捗状況を逆算して再び作業を分解し直すという繰り返しになる。

アドバンスの因数分解は一種の反復訓練が必要となるが、多くの作業ではこの手の行動分解が必要となる。行動をまず分割するのだが細かく分けすぎる前に作業を開始して、途中で作業を止めて、オリジナルプランとの差を考慮してもう一度行動を分解するという作業を繰り返し行う。企業の予実管理に近いかもしれない。

定量化に慣れた後に、この因数分解ワークをこなせれば客観的思考はだいぶ進んだと言える。

順算型と逆算型

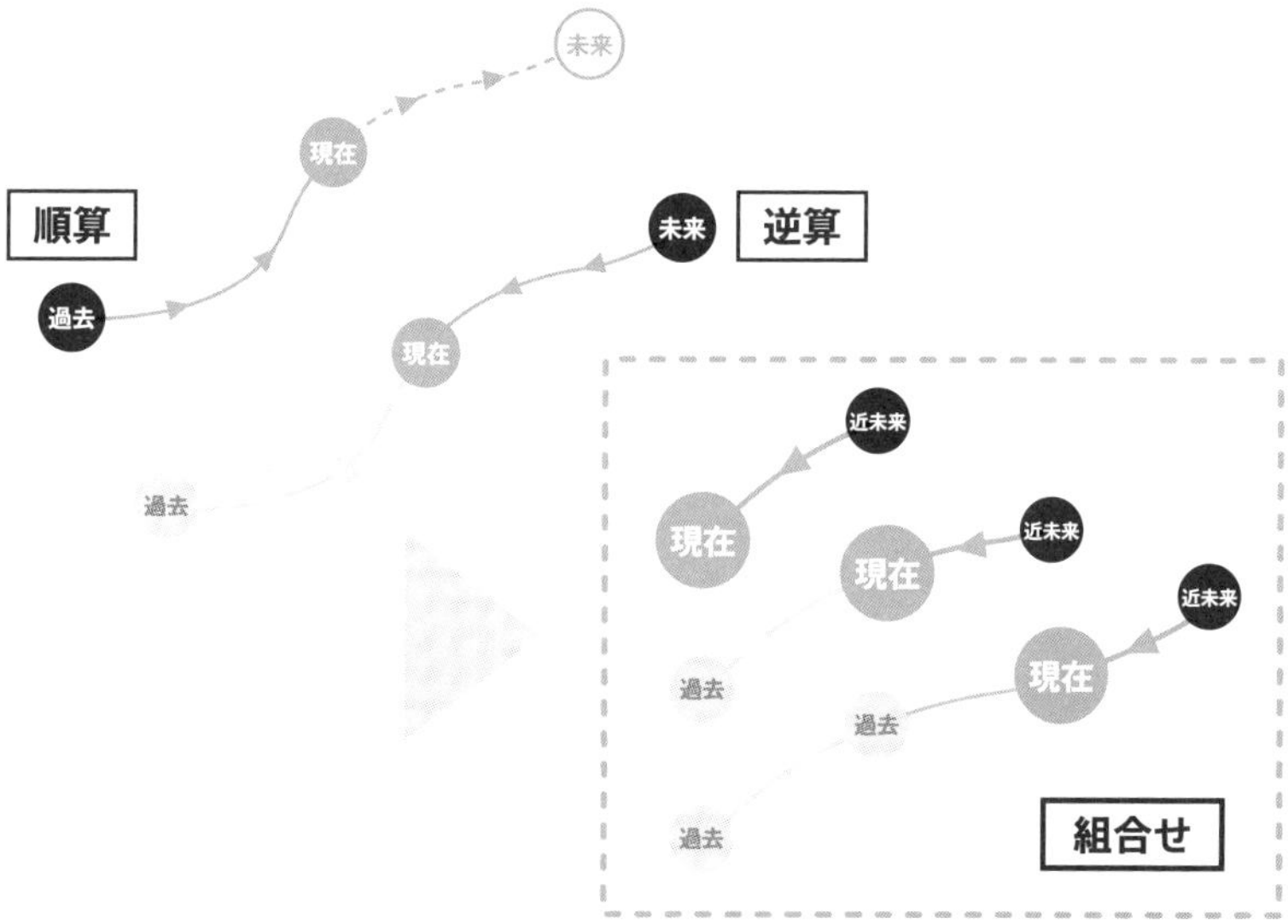

過去から現在までのデータから未来を予測する順算型
先に遠い未来のビジョンを固め、そこから現在に戻る逆算型
数年置きに近未来のビジョンを適宜修正していく組合せ型

定量化の訓練

定量化を日常的に意識しようと言われてもどうやったらいいのだろうかと思われる人も多いだろう。日常訓練はそれほど難しいものではない。ここでは誰もが日常的にできる簡単な訓練を2つ紹介したい。

①時計簿（とけいぼ）をつける

これは万人にとって共通に与えられている時間を題材にしている。

やることは極めて単純で、自分の日常の中の行動で「かかった時間」を逐一計測する。例えば朝起きてから家を出るまでに、どうしても時間がかかってしまい、出る直前にいつもバタバタして約束時間に遅れる人は、朝起きてからの各行動時間を計測してみよう。

目覚めて、まずボーっとしてテレビを見ている（10分）、次にシャワーを浴びる（10分）、洋服を選んで着替える（10分）、髪型や化粧を整える（20分）、朝ごはんを食べる（10分）。

時計簿づくり

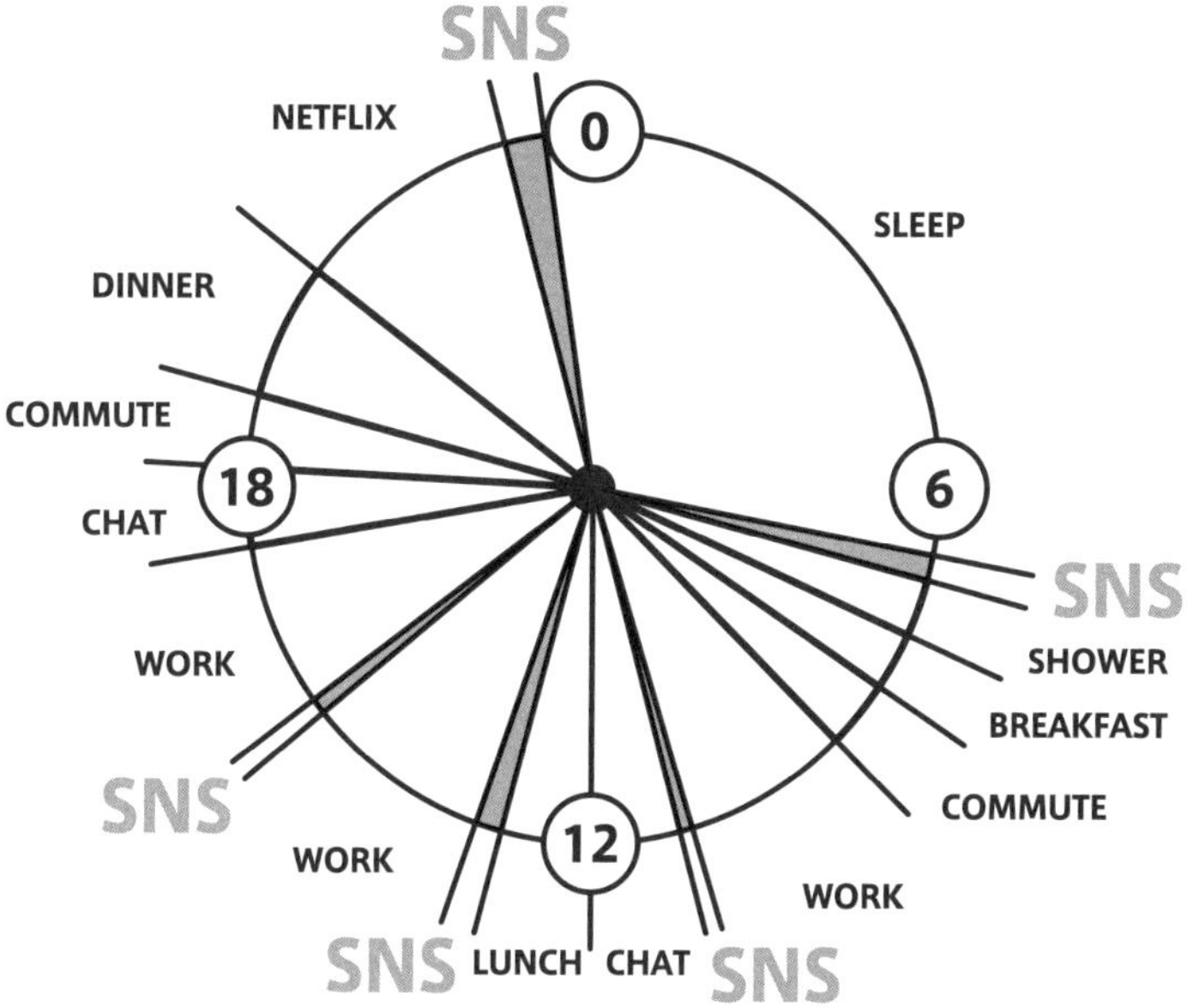

想定よりも時間を浪費している項目が浮かび上がる

目覚めてから90分で家を出発。この90分自体は実は大事ではない。90分は前日に目覚まし時計をセットするときに大体所要時間としてイメージしており、90分の所要時間を見直そうという話ではない。問題は出発前にいつもバタバタしてしまう理由の特定にある。

この訓練のポイントは、意識していない行動にかけている時間の見える化と、イメージと現実の認識のズレにある。意識の中では、「ゆっくり朝ごはん食べてるせいかな」とか「朝のテレビがよくない」と思っていたとしても、実は準備の実質所要時間は60分であり残りの30分というのは、前日には想定すらしていなかったスマホチェックであることに気づいたりする。

この測定結果を見て、朝にスマホをチェックするのをやめるなど、行動をすぐに正す必要はない。行動改善プログラムのように意識を高めすぎると苦しくなって、あっという間に時間の計測すらやめてしまう。ただ無意識に使っている時間が明確になり、「ＳＮＳの時間を短縮しようかな」という意識が働くだけで、この時点では十分なのだ。

大事なのはこの測定を、朝の準備に限らず、あらゆることに対して1カ月から2カ月ぐらい継続することにある。継続して毎日計測するだけで、一定時間経過すると自分の無意識の行動時間が見えて意識化される。

また、異なる使い方もある。

ビジネスマンで、情報吸収のために今月はたくさん読書をしようと決めた人がいるとする。1回の読書で50ページを読むと決めたら、色々な時間と場所で読書をしてみる。一日のすべきことを全て終わらせてベッドの中で読む、早朝の出社前に読む、電車の中で読む、長距離移動の新幹線で読む。様々なシチュエーションが考えられるが、どの状況が一番すっきりと読めるのかを数値を用いて見える化してみるのだ。これもひとつの訓練になる。

なぜかベッドだと10ページで眠りに落ちてしまい、時間の計測が不能な人。移動中だと最初はすごく読書がはかどるけれど、ついさっきまでの仕事のことが思い出されて、何度も読書が中断され、結局時間がかかってしまう人など、これは個人によって様々だろう。

読書というのは、頭の中に情報がすんなり入る状況でこそ読めばよいので「こうあるべき」という答えはない。自分の中で感覚的に読書がはかどる、はかどらないと思う状況をすべて測定してみると、「なんとなく」が晴れてくる。

ここでも、行動改善プログラムのように、無理やり直そうとする必要はないのだ。ただ50ページ読むのにかかる時間を、シチュエーションとともに測定すればいい。

このように日常の中の「食べる」「寝る」から「勉強」「読書」「料理」「家事」など、あらゆる

ことを継続して測定することは、定量化の第一歩として非常に良質な訓練になる。

実はこういった時間計測のためのアプリはたくさん存在するので、まず皆さんも身近なところから始めてほしいと思う。

②値段当てゲーム

この訓練も非常に簡単だ。単純に日常で触れる全てのモノやサービスの値段を、見る前に推定するゲームだ。まるで子供のクイズの世界である。

こちらのゲームも先ほどと同様、自分が普段から意識しているものの値段は具体的にイメージできるが、逆に意識できていないものの「なんとなく」を数値化することに目的がある。

お金には色がないので、自分のこだわっている1000円が他の部分では当たり前のように使われていることや、世の中のモノやサービスの価格の理由というものに対しての「なんとなく」の解像度が上がる。

このゲームで予測する対象は、自分が気になるものだけである必要はない。むしろ、日常意識していないモノやサービスを対象にするほうがよい。

月に1回、3000円の理髪店で髪を切っている男性が、奥さんの通っている美容室でカラーリングとカットが1回いくらなのかを想像してみる。5000円？ 7000円？ 1万円？ 人によって予想もバラバラだろうが、具体的な金額を予想して実際と照らし合わせてみる。得てして驚きの結果となることが多い。

逆に女性が、旦那さんが夢中になっているゴルフのドライバーがいくらなのかを想像してみる。時々買い替えてるから1万円？ 2万円？ と思うかもしれないが、実際の金額を聞いてこれも驚く結果となることが多い。その5倍以上の値段であることが普通だ。

さらに、値段当てゲームを進めていこう。

読者の中には車を所有している方も多いかもしれない。また所有していなくても将来買いたいと思っていて、車の値段をおおまかには把握している人が多いと思う。

日本車なら100万円台から高級車は500万から600万、外車であれば1000万円かそれ以上といった感じに。

ただ、車のタイヤの値段を把握している人はどれだけいるだろうか？

車の点検でタイヤが摩耗しているから取り替えたほうがいいですよ、と言われたとする。わかりましたと答え、タイヤの値段を調べると４本で３万円のタイヤもあれば、４本で20万円のタイヤもあることに気づく。

ブレーキ性能、走行時の音の静かさ、雨の日の走行性など、様々な理由が書かれていて、値段が高いほうがいいというのは説明を聞いてわかる。ただ、安いほうを選んだときにどれくらい走行時の車内音がうるさいのかまでは想像もつかない。

また、雨の日などの安全性にまで影響があると言われると、もはやどの値段の性能レベルがちょうど良いのかの判断もつかなくなる。ケチケチして後悔するのも嫌なので、結果的に店の人に勧められるものを選んでしまう。

勧められたタイヤと、自分が実際に求める性能のタイヤの値段の差額は、悲しいことに、もしかすると日々「高いからもったいない」と会話をしていた美容や趣味のお金の年間費用ぐらいになっているかもしれない。決してタイヤを自慢したり、特段のこだわりがあるわけでもないのに。

このように値段当てゲームは、色々な気づきを与えてくれる。身近で気になるものや、興味のないものまで気軽に値段を予想して、実際の値段と照らし合わせてみよう。友達同士や家族

値段当てゲーム

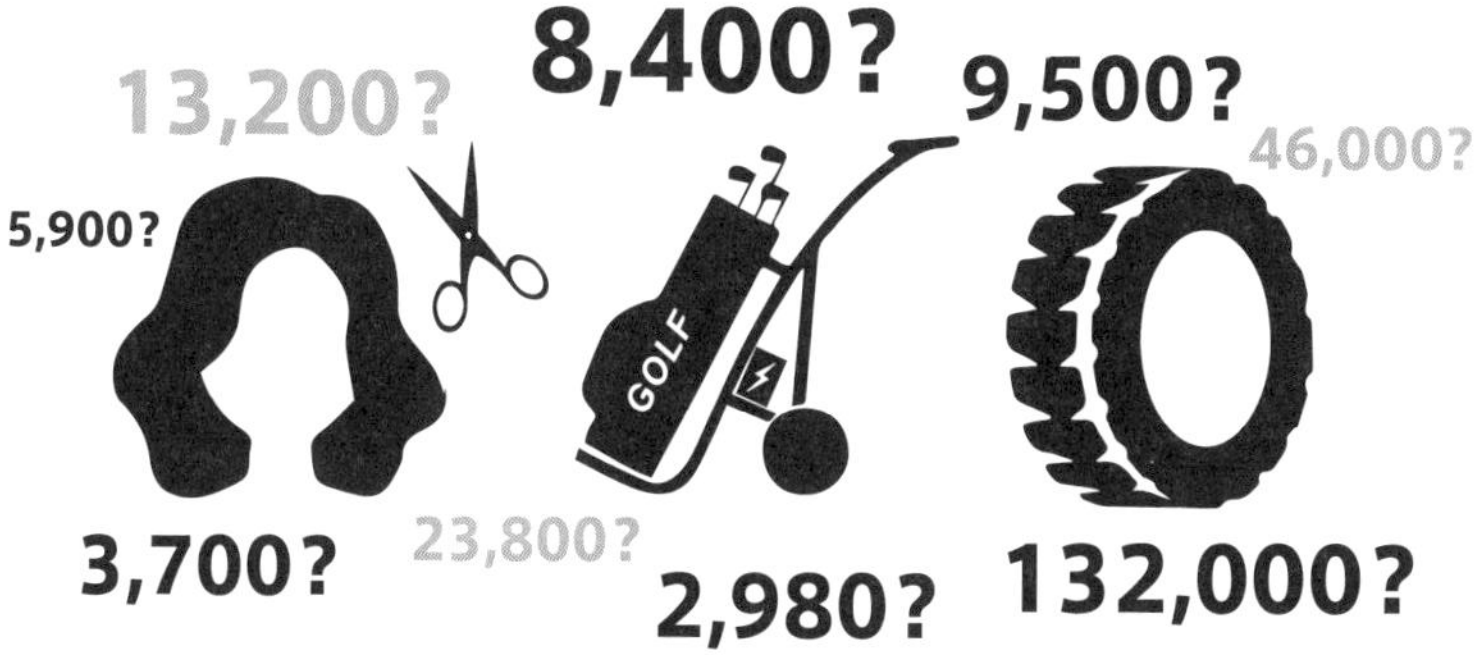

世の中のあらゆる製品・サービスの値段を把握しておく

で値段当てゲームをしてみてもいいかもしれない。繰り返し行っていると、世の中の色々なサービスや商品の「値段の先」にある仕組みも気になってくる。

このゲームは、当たった外れたというところが大事なのではない。生きていくために切っても切り離せないお金というものを「なんとなくではなく数値で捉える」ための訓練なのだ。意思決定に不安を感じるというのは、前述したように「なんとなく」にコーティングされた部分が多いため、それが将来後悔を生まないかどうかが気になるのだ。そしてそのコーティングされた部分というのは、**自分が何をしたいかという主観的な部分以外では「時間とお金」という二つが大きく関わっている。**

まずはこの二つの感覚について、ゲームを通して定量的に捉えることを一定期間訓練してほしい。意思決定の障害のひとつの「なんとなく」の靄を取り払うのに役に立つ。

可逆と不可逆——事象の独立と従属の話

旅行先で数泊する場合、初日に「お鮨」か「お肉」のどちらを食べるべきかはどちらでも影響はない。今日、着ていくジャケットがグレーなのかネイビーなのかもどちらでもいいと言える。食べ物やショッピングでの店のめぐり方など、日常での多くのことはどちらが先でも後でもあまり関係ないことが多い。

これを「意思決定の可逆な状態」と呼ぶ。

ところが、行動の選択には可逆ではない「不可逆」なことがある。これが、意思決定において最も重要な部分であり、難しい部分である。

「不可逆」というのは選択した行動の結果が失敗を引き起こした場合、そこから以前の状態にはもう戻ることができない状態で、ある種ゲームオーバーになってしまうことだ。

イメージとしては卵料理において、卵かけゴハンのように生卵をそのまま使う料理であれば、先に混ぜても後に混ぜてもあまり問題とはならない。一方、オムレツ等の加熱する卵料理においては、卵を混ぜる順番を間違えると「不可逆状態」になる。熱を通すと固形になるという特性を考えると、加熱後に他の食材に混ぜようとしても、もはや思い通りにならないことは想像がつくだろう。

ビジネスでのケースを考えてみる。

前述の東京で働いているビジネスマンが大阪にいる大事な顧客に対して、相手先のオフィスでプレゼンテーションをするケースを考えてみよう。

東京から目的地の大阪に移動するのに、飛行機でも新幹線でもよい。この営業マンはマイレージが貯まるから飛行機で移動しようと考える。この時点では可逆の事象しかない。

しかし、空港に到着すると悪天候のためにフライト時間が30分ほど遅延していますとのアナウンスが流れている。もはや、顧客のオフィスに予定通りに着くことは不可能となることが決定する。いまさら新幹線に切り替えても大幅な遅刻は決定的だ。

意気消沈して到着が遅れる旨を顧客に伝える。顧客にその後の予定が入っている場合、最悪その日のプレゼンテーションは中止となり、ビジネスの結果にも大きな影響を与えかねない。

心の中で「なんで新幹線ではなく飛行機を選んでしまったのだろう」と後悔するが、これは

戻せない意思決定

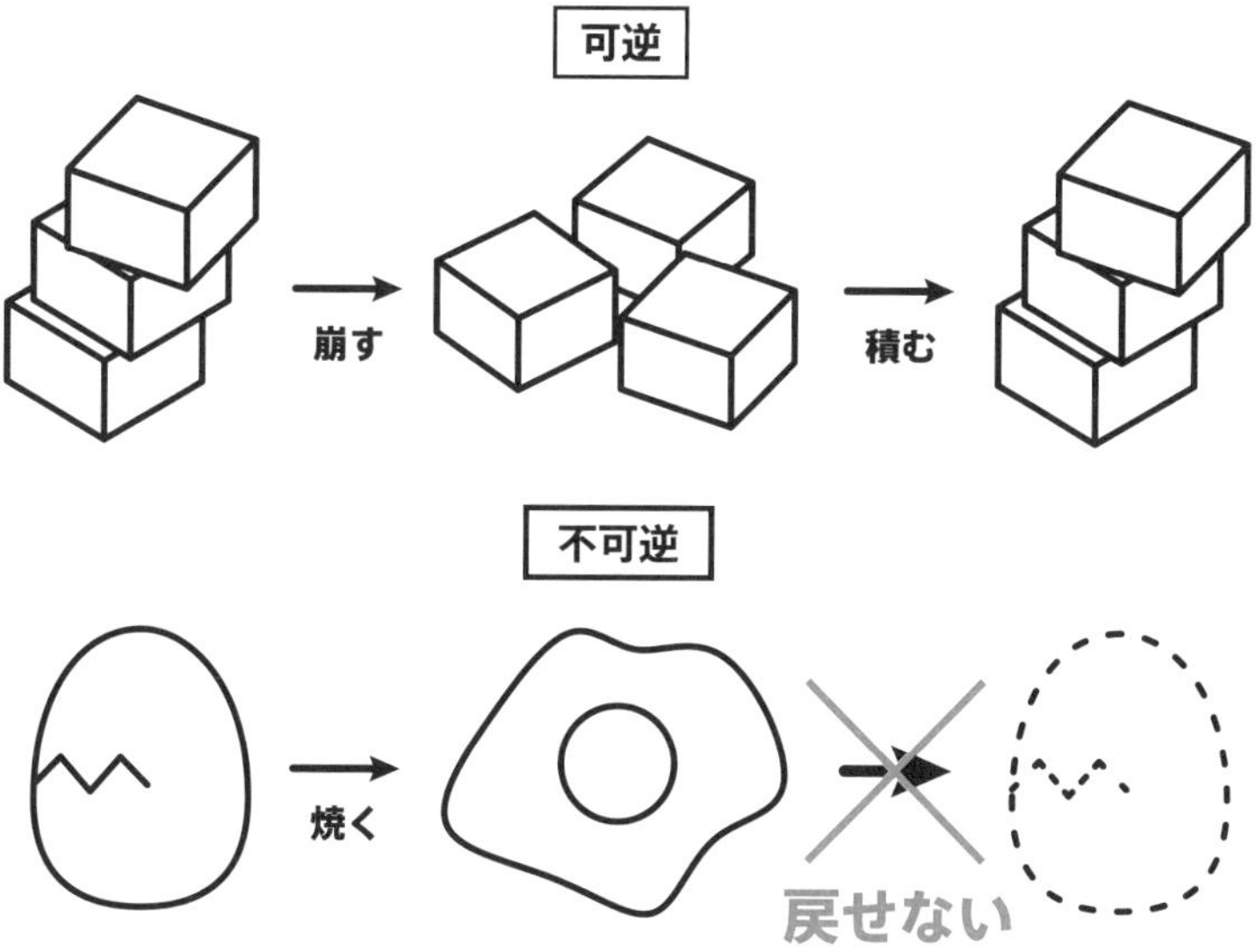

完全に不可逆な状態にある。不可逆な状況にハマるとゲームオーバーになる。

この場合、無事に顧客のオフィスで定時にプレゼンテーションを始めることが目的であれば、ゲームオーバー確定となる。

大阪に移動する手段が複数ある場合には、一見どの選択肢も初めは可逆に見える。しかし、「どういう事態が起こると定刻通りに到着できない可能性が高まるだろうか?」を考えると「天候不順」や「整備不良」というアクシデントによって、遅延確率が高いのは、空の便ではなかろうかという事前の仮説を思いつくか否かが論点になる。

ましてや、その日の天候が怪しければ間違いなく飛行機よりも新幹線を選ぶべきなのだ(もっとも新幹線にも予期せぬ遅延はあり得る)。後から考えると何とでも言えるが、事前に少しだけの想定力があれば避けられた失敗である。

「不可逆」状態は決定的なミスにつながる。

行動を因数分解して実行に移す場合には、この「不可逆状態」にハマらないことを一番に気をつけなければならない。それには「想定力」という能力が必要とされる。

上手な料理人は想定力が高い。彼らが料理するとき、マニュアル通りに醤油大さじ3杯、みりん大さじ2杯とかそういう杓子定規ではなく、経験に基づいた味付けや段取りで進めていき、時折味をチェックして足りない分を微妙に足してバランスを取る。

経験に裏付けられた作業だがその味の再現性は極めて高い。レストランの厨房であろうと家のキッチンであろうと。


一方で料理の苦手な人は「しまった！ まさかこんな味になるとは」とのパターンにはまることが多い。これは未経験だからという部分以上に、味付けの不可逆にハマることが多いからだ。この手の不可逆な味付けの失敗は、味が濃すぎるというものが殆どだ。味付けを濃くすることは可能だが、薄くすることは極めて難しいか、もしくはできない。

料理が苦手であれば「味付けは後から濃くできる」ということを想定して、なるべくマニュアルよりも薄めにアプローチしようという発想が生まれ、失敗は格段に減る。

これも「味付けは不可逆」という要素を考慮に入れているか否かだ。

しかしながら、多くの料理本にはマニュアル化された分量だけが書かれている。ひと言「初心者は記載の量よりも少なく調味料を入れて味見をして、あとからお好みに調整してくださ い」と書いていればなんとも親切なのに。


想定力が低い人は「まさか！」と「こんなはずじゃなかった」というふた言が多い。

もし自分でこの言葉に心当たりがあるとするならば、ちょっと気をつけたほうがいい。この言葉が表していることは「不可逆のミニゲームオーバー」に再三ハマっていることを意味している。

想定力をつけるには、やろうとしていることがうまくいかない場合を想像してみることだ。飛行機での移動なら飛ばない場合、料理であれば味付けがうまくいかないパターンを。修正可能な事象であれば問題なし。どうにもならないことが想定されるなら一歩止まって行動するのをストップしてみてほしい。

そして因数分解した行動の順番をひと呼吸おいて見直してほしい。失敗はいくらでもしても構わない。

ただ気をつけるのは「不可逆なゲームオーバー」にならないかということだけだ。

意思決定の可逆性 / 不可逆性

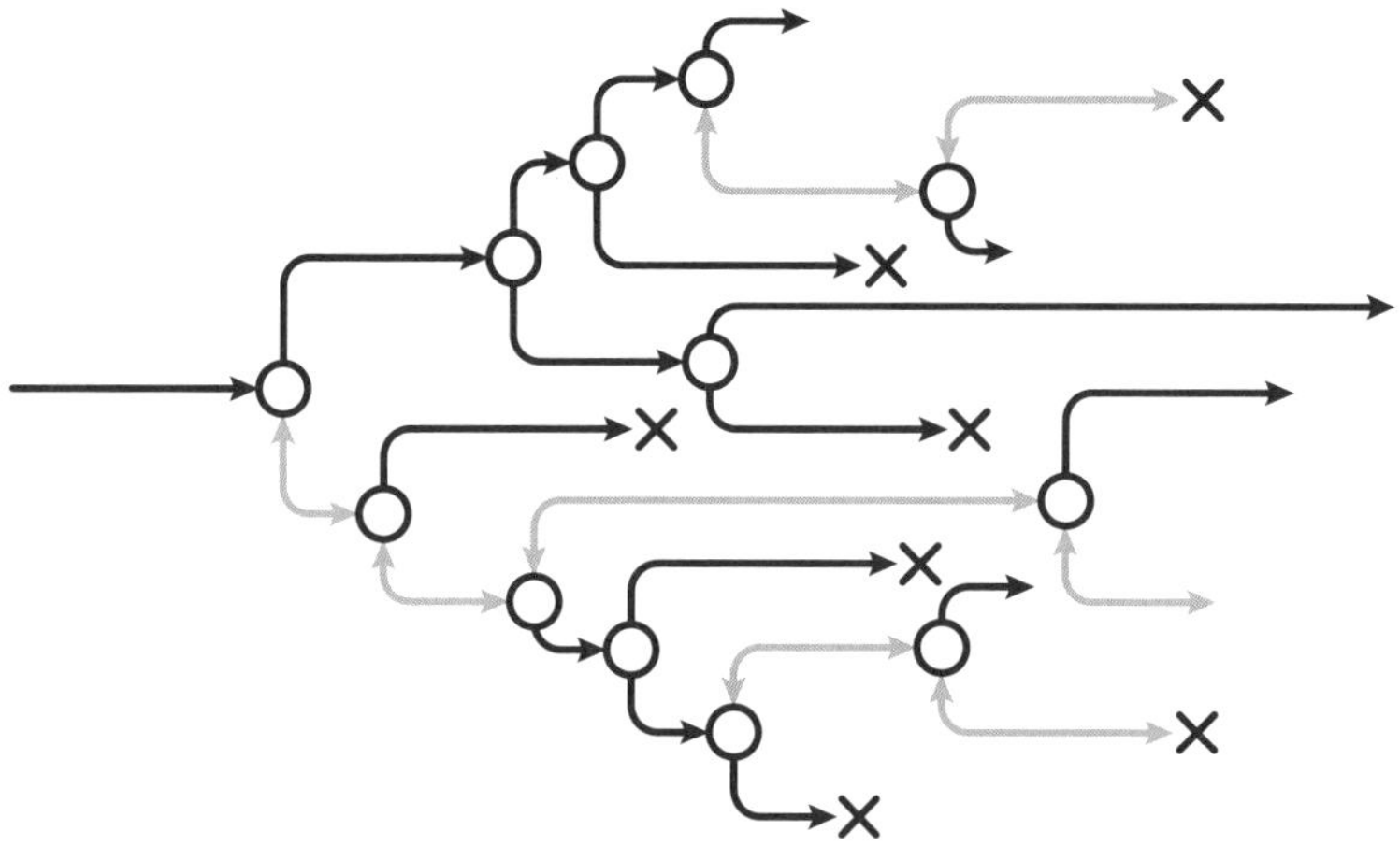

戻れる意思決定と戻れない意思決定がある

時間効果

よく、起業をしたいという若者に、「もう少し大企業で実績積んでからがいいですかね？」「今チャレンジしたほうがいいですかね？」という質問を受ける。

これに関して私はいつも同じ答えをする。

「起業したいの？　したいなら後回しにする理由ってなに？」と。

つまり、やりたいという気持ちがあるならば、起業のようなある程度のリスクを伴う行動は先にやりなさいということだ。本人からしたら、大企業での社会人生活を積むことでチャレンジの成功確率を上げたいという意図があるのだろうが、実際には時間の経過とともに安定した生活状況を投げうって、成功の確証がない世界に身を投じることは、さらに不安を高めることになる。かくして、チャレンジの意思決定はさらに先延ばしになる、というのがよくある話だ。

ここまでの本書の流れで、「定量的に考える」「因数分解思考」「可逆不可逆の行動の組み合わせ」などに触れているのは、チャレンジを先延ばしにしようということではなく、やりたいことを実行する「意思決定」をなるべく成功に導くための方法論を学び、積極的に行動していこうというのが本筋になる。

20代や30代前半で「起業したい」「いつかは独立したい」と思い、30代後半で「子供も二人いるし、家族のこと考えるとリスク取りづらいな」と感じ、40代後半で「子供も手を離れて、会社生活の先も見えてきたし新しいことをしてみたいなあ」と思い、50代で「今更新しいことするのは無理じゃないか」と、結局何もできなかったという流れはよくある。

この例では一貫して、若い頃から新天地で「新たなチャレンジをしたい」と思いながら、見えない不安を理由に行動を躊躇してしまっている。

ここでの最大の問題は、時間は二度と戻らないという点だ。時間だけは決定的に不可逆な要素で、後悔しても戻ることは不可能だ。残された時間の中で、行動パターンを修正するしか後悔からの脱却方法はない。

どの時点でもやろうという意思があるなら積極的に行動するのを前提として、成功の確率を上げるひとつのテクニックとして「客観的思考」は存在する。「時間」とはそれほどに貴重で不可逆なファクターなのだ。

「時間」は有限であるというのみならず、時間と人が取ることのできるリスクの間には大きな相関がある。横軸の時間が長ければ長いほど、犯罪に手を染めるなどの決定的なゲームオーバーにならない限り、リカバリーはいくらでも可能だ。一方で残り時間が少なくなれば戦略的にダウンサイドリスクを考慮しながら行動しないと、失敗からのリカバーは不可能となってくる。**つまり、取ることのできる「リスク許容度」は時間と共に低減していくのが基本だ。**

これはスポーツをイメージするとわかりやすい。ゴルフは18ホールでのスコアを争う競技だ。スタートホールにおいては、リスクはあるが積極的に攻められる。それはたとえ失敗したとしても残り17ホールでリカバリーできる可能性が高いからだ。しかし、残り3ホールであれば、たったひとつのミスでリカバリー不能となるので無茶をする合理性は減る。もっとも、追い上げないとダメであれば、積極的にリスクを取らないと優勝はできないので攻めるのみとなるが、これは「選択肢のない積極性」であり、背水の陣的な発想は戦略的な意思決定ではない。

では「前半戦になぜ消極的な行動に出ていたのだろう?」ということが問題として出てくる。これは時間の不可逆性が頭に入っておらず、まずは自信がないからコンサバに始めようという意識の表れだ。

これはゴルフのみならず、野球、サッカー、バスケットボールなど時間や回数に制限のあるスポーツには全て共通している。前半にゲームオーバーにならない程度に積極的に行動するのは理にかなっているのだ。

前述の起業の話であれば、まず「行動する」というのを前提にものごとを進めて行くほうが、根性論ではなく合理的なのだ。序盤の失敗で学び、リカバリーして2回目、3回目で成功の確率を上げていける。しかも、最近は積極的にチャレンジすることを奨励する世の流れであり、多くの補助金、助成金や制度などセーフティーネットが敷かれている。

リスクリターンは明らかに非対称であり、チャレンジすることのリスクは低い。

迷ったら、なるべくリスクを取る。特に年齢が若ければなおさらだ。時間は不可逆なのだ。

リスクマネジメント
——ゲームオーバーになってはいけない

再三述べているゲームオーバーにならないというのは、リカバリー不能な状態のことだ。一番わかりやすい条件は健康。死んでしまえば何もできないし、大病を患うと以前と同じ生活ができない。チャレンジは大きく制約される。まずは健康が大事なのは言うまでもない。次に大きな条件としては、チャレンジを醸成する「自己肯定感」と「お金」だ。これが壊滅的なダメージを受けると、リカバリーには相当の時間がかかると言わざるを得ない。チャレンジには積極性と、一定の社会的信用が必要であり、ここに関して「ゲームオーバーにならない」、つまり自分の取れるリスクを認識しながら意思決定を連続させることが大事だ。

例を挙げて考えてみる。

米国のＮＢＡ（米国プロバスケットボールリーグ）やＭＬＢ（米国のプロ野球リーグ）の平

均的な生涯獲得年俸は大学卒のサラリーマンのそれの約7倍もある。つまり、年収的には圧倒的な勝ち組といえる。しかし、彼らの引退後の自己破産比率は実は70％程もあり、米国全体の平均自己破産比率の10倍以上の発生率というデータがある。

「日々のお金の使い過ぎ？」と思われるかもしれないが、浪費にとどまらず、多くの場合は自分が知見がないビジネスに誘われるがままに投資して失敗したというパターンだ。

つまり、許容度以上のリスクを取りすぎたということだ。しかも、彼らの場合同じ年収を40代、50代で稼ぎ出すことは不可能であり、事実上のゲームオーバーとなる。

彼らの収入は再現性が低く、年齢が若い時代に集中するということを前提に行動選択をしていればこのようなことにならなかっただろうが、ゲームオーバーになるとやり直しは利かない。

ここでの問題点は、NBAやMLBの選手になることが間違った選択だったということではない。その選択自体は大成功である。問題はその後の意思決定において、再現性のない巨額のお金を、自分が詳しくない分野に連続して投資してしまったところにある。次なるビジネスに手を出すのは構わないのだが、手持ちのお金のどれぐらいを投資すべきだったかというリスク量を間違えたことが問題なのだ。

このように聞いて、リスクを取ったらいけないのでは？と勘違いしないでほしい。
むしろ「リスクは取ったほうがいい」し「ある程度の失敗もしてもよい（したほうがよい）」。ただ、ゲームオーバーになるようなリカバリー不能なリスクはとってはいけないというだけだ。そのために、リスクを可視化して、将来への道筋を因数分解で細かく分けて、それぞれが独立事象なのか従属事象なのかを見極めて、可逆不可逆に気をつけながら行動を選択していく。行動に失敗はつきものなので、その失敗からゲームオーバーにならなければ次に繋がる。

実際、多くの有名起業家も小さな失敗をたくさんしている。誰もが知っているYouTubeも、始めは男女が自己紹介動画を互いにアップロードする「デートアプリ」だった。
しかし、利用者が伸びない中で、実はそこに上げられている何気ないペットや生活の一コマのほうが注目度が高いという事実が浮かび上がり、事業をピボットして今のYouTubeになった。

我々に見えている現在の成功の多くは、たくさんの失敗の後の姿だ。ただ、ドラマにならない失敗は表に出ることが少ない。「失敗は成功のもと」という言葉はあるが、決してたくさん失敗しようという根性論を言う気はない。失敗は少ないに越したことはないが、成功のためには一定回数の失敗を伴うことは必然と思えばよい。

適当に行動して、見えない不安と闘うのではなく、「やりたいこと」という抽象的な主観を徹底的に科学して、納得感のある意思決定を連続させようということだ。遠くの未来の夢をいきなり叶えるのは難しい。連続した行動の末に見える景色は徐々に変化する。**それは失敗からの気づき、成功からの視座の変化、両方ある。それらの複合により目的地に近づいていく。ただその連続の中でゲームオーバーになってはいけない。**

あなたにとってのゲームオーバーはどんな状態だろうか？

意思決定の結果のダウンサイドとして「最悪の状態」を意識の中で想定できると、取れる行動は何かが見えてくる。それはぼんやりとしたイメージでなく、なるべく定量的に見える化できるとさらによい。

最大のゲームオーバーは残存時間が限りなく少なくなって、行動の選択肢が0に近づいていくことだ。まずは行動しようという気持ちがありきで考えよう。

人生のゲームオーバー

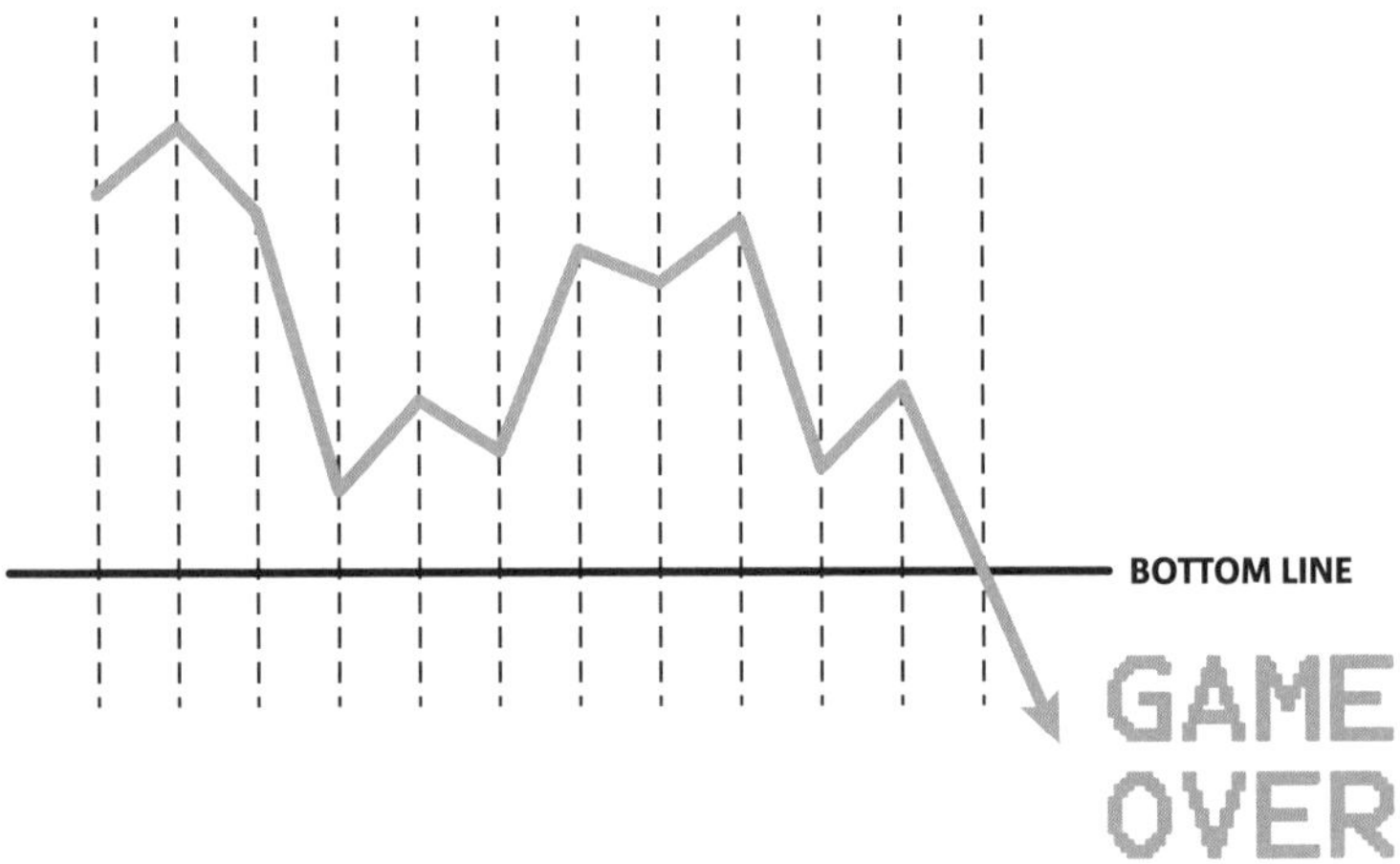

人生におけるゲームオーバーには「CONTINUE」がない

投資と人生――感情のコントロール

投資や起業と人生は似ている。いずれも、自分の限られたリソースを投入してアップサイドを狙う仕組みであり、将来の成否は確約されていない。アップサイドは、社会的な影響であり、お金であり、肩書であり、人によって異なっていてひとつには定まらない。

しかし、ゲームオーバーに注意して、リスクリターンを考え、意思決定と行動を連続させるという点は、投資も起業も人生も共通だ。

我々のアカデミーでは意思決定の練習として、「ポートフォリオゲーム」というものを行っている。参加者が4人から5人1組に分かれて、計5～6チームの中で、与えられたお金を運用し、リターンを競い合う投資ゲームだ。最初に与えられた金額の10％損を出すとゲームオーバーというルールの中で、その元金のうち、どれだけをいつ、何に投資するかを決断していき、決められた期間の中で最大の利益を出したチームに賞品が与えられるというゲームだ。

数カ月の期間の中には損をするとき、利益を出すとき、両方の局面があり、いずれの場合もどこで利益や損を確定するかの判断が難しいゲームとなる。もっと利益が膨らむはずだと欲張れば利益は消えていき、ちょっとした利益をすぐに確定してしまっても「もっといけたのに」となる。要は先が見えない現実の中で「決め」をつくる意思決定の連続が要求される。

参加者はある程度の金融や投資、経済の知識を座学で学び、頭では少々の方法論を理解した上でゲームをスタートする。メンバーの中には投資知識が全くない人、詳しい人、場合によっては金融機関で長期インターンをしていたという人もいる。そんなバラツキのあるグループの中でこのゲームをすると、様々な現象が起こる。

序盤戦には大きく2つの傾向に分かれる。「損失の恐怖から与えられた金額のうち非常に少額を恐る恐る投資をするチーム」と「知識が高い人がリードして積極的に投資するチーム」に。前者は儲けも損失も微々たるものなのでゲームオーバーになりもしないが、仮説が当たったとしてもリスク量が小さすぎてあまりリードはできない。後者は当たるも外れるもそれなりにインパクトが出る状態だ。知識がないチームでも値段が上がるか下がるかの可能性は50：50であり、一方で投資知識が高いチームは50％よりも高い成功確率なのではと思うのだが、実際には外れることのほうが多い。その理由については次の章で詳しく話すが、「自称詳しい」と言う人の意思決定は、知識や情報量が豊富というだけで、意思決定自体が誰かの意見をベースにしている場合が多く、実際の成功との相関は高くない。

このゲームでは「5人1チーム」というチームによる共同作業である点と、「毎日の結果を他のチームも互いに見ることができる」という点が重要なポイントになっている。

グループで行っていると自分の意思決定が全体に影響を与えるために、成功確率が高くない限り行動に出たくないという状況が起こる。実際、先ほどの前者のチームはそういった状況にある。そうなると誰かが意見を主導してくれることを期待して、自分は傍観者になりがちになる。

また、後者の場合は知識が豊富なメンバーが最初は意思決定を率先するのだが、そこで生じる偶発的な失敗が自分のプライドを傷つけ、周囲からどう見られているのかが気になり、時間と共に解説は多くなるのだが、自分が意思決定の最終判断をすることがなくなってくる。「Aのリスクも気をつけたほうがいい。Bという場合もある」のようにあらゆるシナリオを解説するだけの評論家になる。いずれの場合もある一定時間を過ぎるとゲームの序盤で手が止まってくる。

そこで、我々から「リカバリー可能なのに、なぜ失敗から学んで次のアクションに移らないのか」という叱咤が入り、各チームが再び動き出す。

周りからどう思われるかが気になるなら、自分の意思決定に伴うリスクや不安を言ってみる。「それを前提で、自分は行動します」とすると急に楽になる。「人からどう思われるだろうか」

という結果を基にした不安から解放されるのだ。先にネガティブなシナリオを共有することで、だいぶ解放される。

小さな失敗の積み重ねの中、学び、結果は着実に以前よりも良くなってくることが多いのだが、ゲーム終盤戦でまた奇妙なことが起こる。

それまでのパフォーマンスが冴えないチームも、比較的好調なチームも、投資ゲームで取るリスクが急に大きくなりだすのだ。前者は「ここまで来たら、大逆転を狙うには守っていても仕方がない」、後者は「貯金ができてきたから一気に勝負に行こう」と。ゴルフで言えば、残り3ホールになって、破れかぶれになる者、逆に気分が高揚している者らが、本来取るべきリスクではない行動を選択しはじめることに似ている。

かくして混沌とした終盤戦になるのだが、ゲームの本質はゲームオーバーにならない中で1番になること。だとするならば、なぜリカバリーが効く序盤や中盤戦でもっとリスクを取るアクションを起こさなかったのか。なぜ後半ですべてを失いかねない大きなリスクを上位チームが取り出したのかという非合理な行動がたくさん見えてくる。

全員が合理的な意思決定をするためにたくさんのことを座学で学んできたにもかかわらず、最後は感情が渦巻いた賭博場のような雰囲気になる。

これほどまで「意思決定を合理的に進める」ことは難しい。参加者は口をそろえて「期間がもっと長ければ違っていた」「知識が不足していた」「メンバーがやりにくかった」などと様々な言い訳を言ってくるが、毎回現実は似たようなエンディングを迎える。

意思決定はそれが他の人に影響を与える、もっと言えば誰かの人生にも影響を与えるとなると急激に難しくなる。また、自分の意思決定を他の人が注目しているなどの要素が含まれたときに難易度が上がる。

しかしながら、人生の選択は自分だけで完結することは少ない。起業も様々な人を雇うため大きな責任を負うし、転職も家族や他の人に大なり小なりの影響を与えることは想像がつく。

実際のプロの投資の世界でさえも、今年の成功が未来の成功を約束するものではない。感情コントロールを経験の中で覚えつつも、実際は感情が激しく起伏して意思決定に影響を与えだす。**だからこそ、プロの世界は客観的なデータや数値によるリスクの指標をたくさん設定し、感情にまみれた非合理の世界に巻き込まれないようにしている。**

人の意思決定はいつまでも感情に左右されやすい不安定なものであるが、定量化によって矯正することもできる。いや、むしろある程度定量的な訓練をしていかないと、感情の起伏の波は大きく、腹落ちした意思決定はできなくなる。

知識量とリスク許容度の時間変化

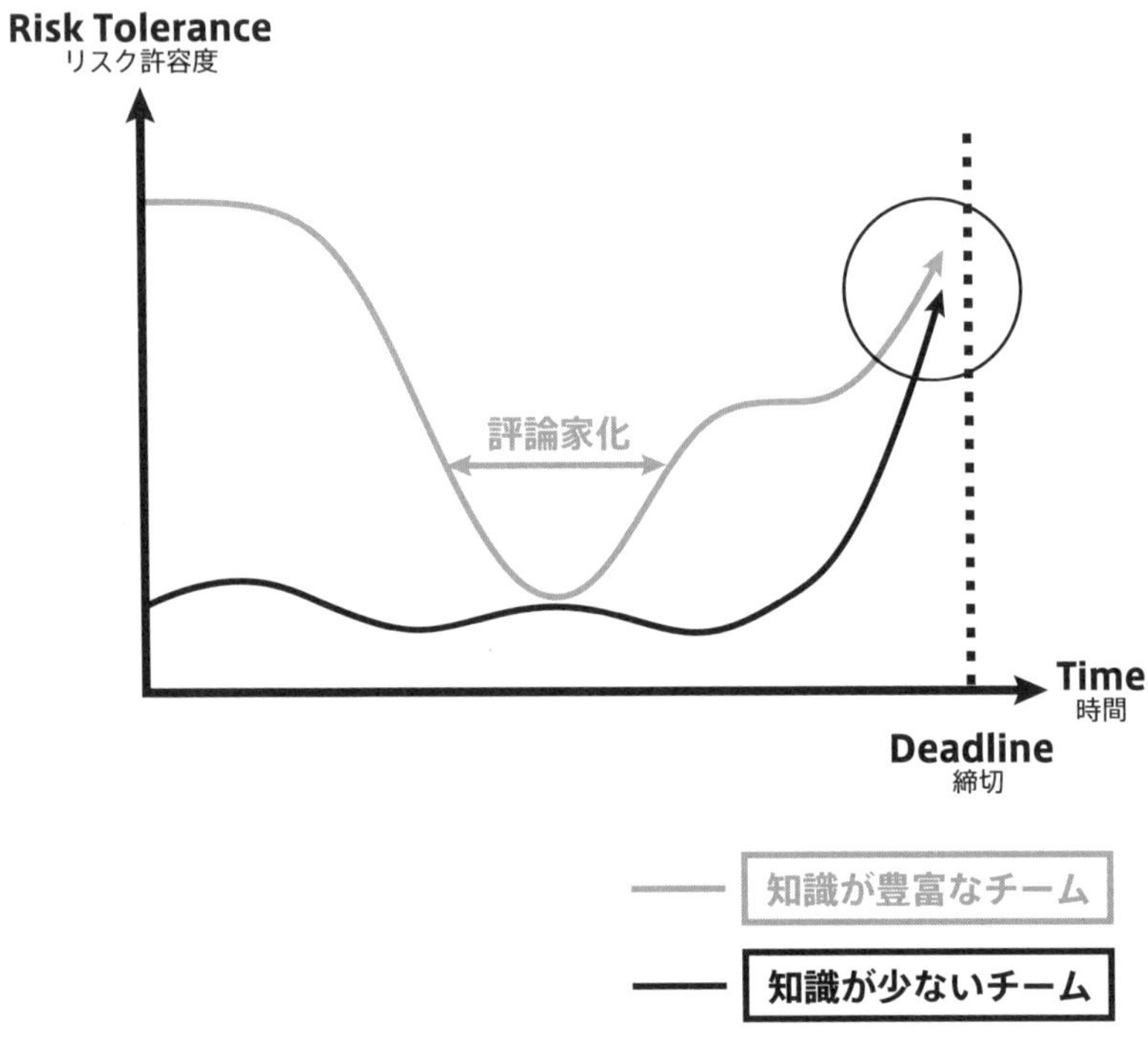

投資と人生―ファクトとオピニオン

10人で構成されているグループがあり、その10人が「A株」という1銘柄だけを売買しているとしよう。10人全員がA株を保有していて「A株は素晴らしい。絶対に上がるよ」とお互いに言っている場合、A株が上がることはない。皮肉めいて聞こえるかもしれないが、事実だ。

モノの値段は、買う人が売る人よりも多い場合に上昇する。究極を言えば、極めて単純な需給で決定される。全員が保有していて他人に勧めているこの状態において、潜在的に売る人は存在しても、買う人が不在であれば上昇することはない。

ポートフォリオゲームにおいて知識や情報量が多い「自称詳しい人」がなぜかうまくいかない場合が多いと書いたが、その理由はこの例の中にある。**その人が、判断材料としているのは事実ではなく人の意見なのだ。**

「A株は素晴らしい」というのは主観の塊である人の意見であり、事実ではない。

情報に「自称詳しい人」が見ているのは、ネットでの書き込みやSNS上で発信されている情報だ。多くのものは「事実」ではなく、特定の人が「加工した意見」だ。その意見の大半が素晴らしいと言う場合に、前述のモノの値段の道理から言うと、もはやその意見に追随して買う人の数は少数派かもしれない。

さらに言うと潜在的に売りたい人が価格を少しでも上げたいから意見を拡散していて、潜在的な売り手＞潜在的な買い手、というバランスになっている可能性が高い。

大事なことはその価格が未来に上昇するかどうかであって、他の人の意見そのものは実は大事ではない。特に特定の意見が「多い少ない」というのはさらに大事ではない。もし、賛成意見の大小が大事だとするならば、もっと未来の事実への逆説的な材料として大事かもしれない。「みんながいいということは終わりの始まり」であることは多い。

最近流行しだしている「ウェアラブル機器」があるとする。知名度は高いが現状、5万円もするという品物だ。

それを既に保有している人は「この商品はすごくいいよ。だから絶対買ったほうがいいし、もっと流行がくると思う」と言う。今は保有してないが今後欲しいと思っている人は「値段が高すぎるよね。絶対にこれから量産化が進んでもっと値下がりすると思うよ」と言い、保有もしてなければ興味もあまりない人は「ふーん。そうなんだ。知らなかった。5万もするんだ。

でも便利そうだね」となる。

人は「自らの行動を正当化したい欲求」があるので、既に持っている人はポジティブな意見、これから欲しい人はネガティブな意見を持つ。

みんなが良いと言い出すようになると、その機器の新たな買い手は少ないということになり、アップグレードした新商品が出ない限りその機器の売上上昇は見込めない。

我々がＳＮＳなどで目にする大量の情報はファクトではなくオピニオンが多い。インフルエンサーという名前自体、オピニオンリーダーが目的であるかのようなネーミングだ。オピニオンは往々にして事実が脚色されていて、また無数に存在している。

したがって、意思決定を第三者のオピニオンを基に行おうとすると、選択肢が多すぎて難しく、かつ間違えやすいということになる。

現代のように次々に流行が変遷する時代であればなおさらで、青く見える隣の芝生が次々に出てくる状態になる。スマホの普及に伴ってＳＮＳの時代になり、多くの人が焦燥感を感じて、何かしなければいけない気持ちに駆られる理由はここにある。

我々が意思決定をするときに大事なのは、隣の芝生は自分の庭であっても本当に青いのか？ということなのだ。オピニオンは大事ではなく、ファクトが大事となる。

今も昔も世の中の事実の数はそれほど変わらない。世に溢れた情報の中でオピニオンではなく事実を抽出する力を身につけなければ意思決定は難しい。

めちゃくちゃ儲かる金融商品があるなら、それは勧めている人が借金をしてでも投資すれば儲かるはずであり、必死に勧めているということは投資して儲かるか儲からないかは極めて不確かで「勧誘して購入させること自体は儲かる」ということだけが事実として読み取れる。

「何がファクトなのだろう？」と自問自答してほしい。

ファクトとオピニオンを見分ける方法は、受け止めた情報を真に受ける前に一瞬だけ間を置いて考えることにある。「この人がこう言っている背景はなんだろう？」と。

必ず発言の裏には意図がある。そして意図がわかれば、事実は抽出できる。ＳＮＳが突然消滅して情報が少なくなるということはない。こんな情報過多の時代の中で腹落ちした意思決定をするには、事実を抽出する力を持つことだ。

増加する情報量とその内訳

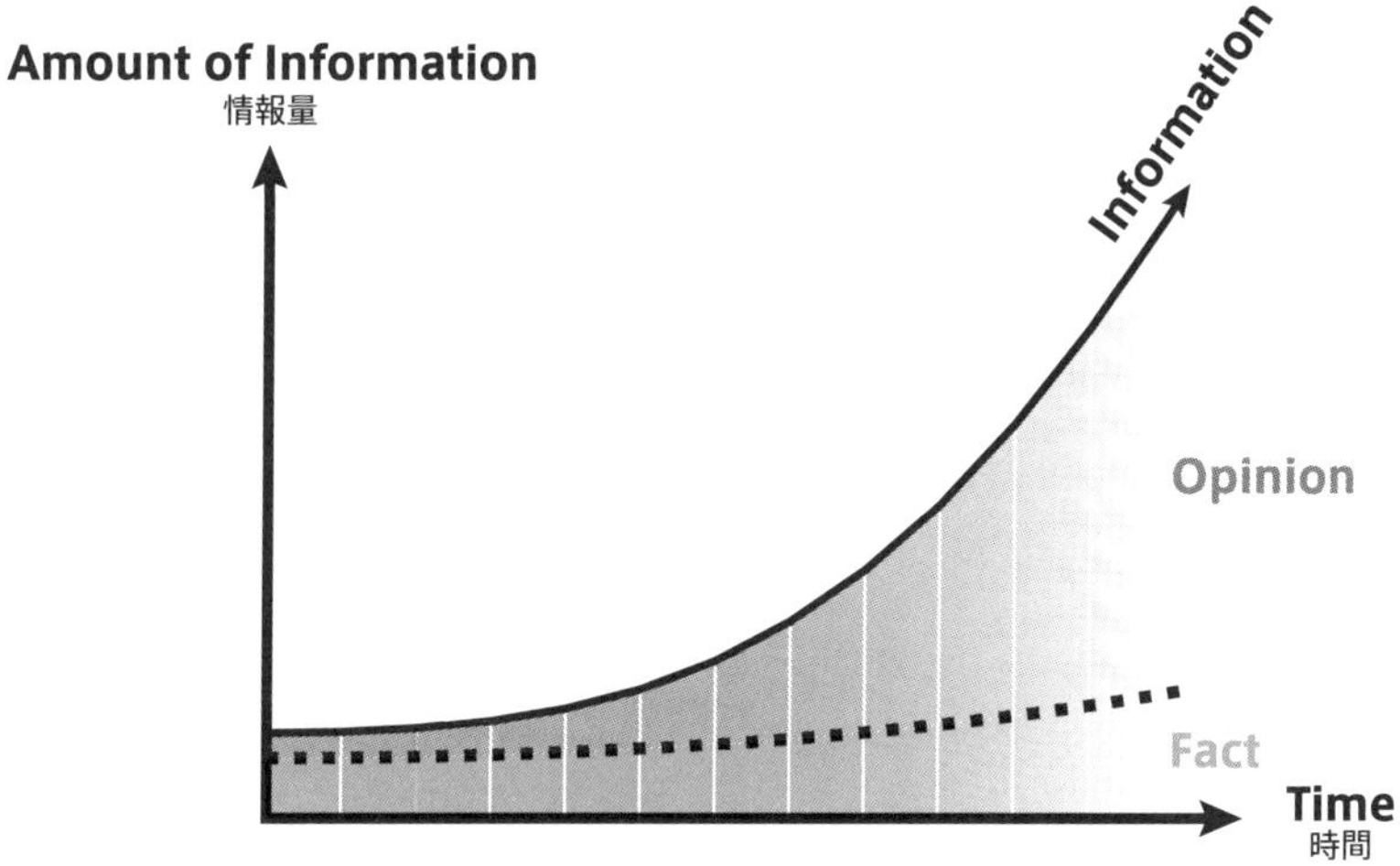

時間経過と共に情報量は増加するが
増えているのは「事実」ではなく「意見」

評論家で終わらないために

ここまで、合理的な意思決定をするために「自分が何をしたい」という主観ではなく、客観的な視点に重きを置いて説明してきた。しかしながら、意思決定というのは文字通り自分の意思がスタート地点だ。客観的な分析はあくまでサポートツールでしかない。客観的思考は自分の選んだ道を正解に導くための「ゲームオーバーにならないようにする方法論」であり、行動する主観的な自分が起点として存在しなければ意味がない。

客観的思考力が高い人は、得てして評論家になりやすい。将来のあらゆるリスクを抽出して「Aのリスクがある。Bのリスクがある」と言う。未来のことは何ひとつ確定しているものがないとすれば、全ての行動にリスクはある。

それらに対して「難しい言葉を並べ立てること」は、見る人によってはインテリに映るかもしれない。しかし、それは大きな間違いである。

それを理由に行動しなければ、時間はただ過ぎていき、いつの間にか行動するための残り時間もなくなることが最大のリスクだ。人生最大の不可逆要素は時間であるのだから。

たくさんの知識を身につけることは間違いなく武器になる。ただ武器は見せるためのモノではなく、使うためのモノであることを認識してほしい。学歴も職歴も、すべてはただの武器に過ぎない。

そして武器は行動の中でしか威力を発揮しないし、行動の中で新たな武器が出来上がる。高学歴なだけで社会を批判的に見る人よりも、学歴は高くなくとも行動をして、実践の中でつくり上げた武器をつくった人のほうが10年、20年の時間の経過の中で戦闘力は格段に上がる。日本人は数学や科学、国語などの学力自体は、間違いなく世界の中でも高い。ただその武器を使って実践で戦うことを極めて躊躇してきた。

ゆっくりとリスクを分析して、小さなリスクを取って足場を固めている間、諸外国は失敗を受け入れ、リスクを許容して、実践の中で武器をつくっていった。その結果日本では「失われた30年」という言葉までもが誕生した。

日本人の能力が低いとか不勉強だということはまったくない。

ただリスクをとって行動することが苦手なのだ。それは画一的な物差しで教育されてきたからに他ならない。

さあ、偏差値社会の中で眠らせてきた「主観」を前面に出していく方法に移ろうか。

COLUMN

Do the right thing

ゴールドマン・サックスの若手トレーダーの時代、自分の売り買いの意思決定に自信がないので、時折、上司に自分の考えをぶつけて相談した。

上司は百戦錬磨の猛者であらゆる状況に対応してきた人なのだが、ひとしきり私の話を聞きながらいくつかの質問をした後に「そうかもね。正しいことをして」と言ってしめくくっていた。

この切り返しは当時の自分にはある意味新鮮というか拍子抜けの展開だった。「そりゃ正しいことしたいよ」というのがこちらの本音。

そうなると再び自分で考えて、なんらかの仮説を基にアクションを取らざるを得ない。失敗しないように色々考えているうちに行動できないままに時間が過ぎていく。すると上司から「あのトレードどうなった？ うまくいったの？」と聞かれ「いや、まだいろんなシナリオを考えていて決め切れていません」と言うと「ふーん、市場の状況変わっちゃうよ。やらないと」と切り返される。

じゃあ初めの会話のときに「やりなさい」と言ってよと当時は思ったが、後に自分がマネージャーの立場となり、この一連の会話がいかに大事であったかに気づく。

初めの意思決定を他人にゆだねると、失敗したときもどこかで人のせいにしてしまい、また次の難しい判断のタイミングも人に聞く癖がつく。

ひとつのトレードの中には、うまくいく時間帯もあればいかない時間帯もあり、トレードが終わるまでの中には紆余曲折があり、そのパターンはほぼ無限に近い。トレーダーである限り、一連の流れの中で適切に判断することが大事であり、全ての意思決定は自分の中で完結する必要があり、もはや他人が手取り足取りできる世界でもない。もし逐一上司が判断するならば、それは機械にやらせてしまったほうがいい。

トレードの判断とは、全て自分で完結しないといけないのだ。その中で話はいくらでも聞くし、一上司としての感想は言う。ただ、ああしなさいこうしなさいとは言わないし、言ってはいけない。

「正しいことをしなさい」とは、まったくもってアドバイスに聞こえないかもしれないが、その後の自分に大きな影響を与えた言葉であった。

私は少年野球のコーチを数年やっていたのだが、子供たちに盗塁のサインを出したときより、出さないで好きなタイミングで走らせたほうが圧倒的に成功率が高いことに途中で気づいた。

盗塁は一歩目の踏み出しが大事なのだが、本人なりのスタートのリズムと感覚は本人の中で一番わかっているからなのだろう。そうすると盗塁を決めたいと思う子は自分なりの間合いやスタートの仕方を研ぎ澄ませていく。

大人になっての意思決定は少年野球の盗塁とは同じではないが、自分なりに考えるという点は同じだ。

結果の正解は時間が経たないとわからないけれど、自分の判断へのコミットメントを強いレベルで継続するためには「自分で決めた」という事実が第一歩として大事なのだ。

多様に変化するこの時代に対応していく人間になるというのは、一朝一夕になれるものではない。それは人に判断をゆだねない、逆に言うと判断を常に外に求めないという自分をつくるところから始まる。

Do the right thing.

第1章

まとめ

- 意思決定の不安のなんとなくを見える化しよう
- 毎日のなんとなくの行動時間を計測する
- 身近なサービス、モノの値段を当ててみよう
- 目的のための行動をなるべく細かく因数分解してみよう
- 行動は目的から逆算で考えていく
- 行動の前に最悪の事態を考えてみる－まさかのない生活を目指す
- 行動の順番に不可逆要素がないかチェックする
- 時間は不可逆－迷ったら行動ありきで考える
- 若ければ若いほどリカバリーは利く。やりたいことを先延ばししない
- 意思決定は人から見られると難易度が増す。自分から意思決定に伴うリスクを宣言すると気分は楽
- SNSの情報は殆どがオピニオン。まずは情報から事実を抽出しよう
- 客観の鬼になるな。評論家になってはいけない。客観的思考は意思決定の補助ツール

"The most important investment
you can make is in yourself."

あなたに出来る最も重要な投資は、
自分自身である。

Warren Buffett
ウォーレン・バフェット

投資家

第2章

「自分」と向き合う
～主観発想の訓練～

「好きなことで生きていく」の落とし穴

自分自身の想いや内なる声に耳を傾けることの大切さは、敢えて我々が「主観」という言葉を連呼せずとも、親や上司の口癖、あるいは昨今のメディアの風潮の中で、なんとなく認識はしていると思う。場合によっては、それらの言葉にプレッシャーを感じ、辟易としている人も多いのではないだろうか。第2章では意思決定の軸となる自らの「主観」について掘り下げていくが、まずその概念が持つある種の危険性について触れておこうと思う。

「好きなことで、生きていく」

このキャッチコピーに聞き覚えがある人もいるだろう。オンライン動画共有プラットフォームのYouTubeのキャンペーンに用いられたスローガンだ。実際のポスターや動画広告では、大々的に掲げられたこのキャッチコピーとともに、自らの動画コンテンツで大成功をおさめたユーチューバーの面々が顔を連ね、「何者でもなかった自分」が、如何にして楽しみながら(=

「好きなことで生きていく」の罠

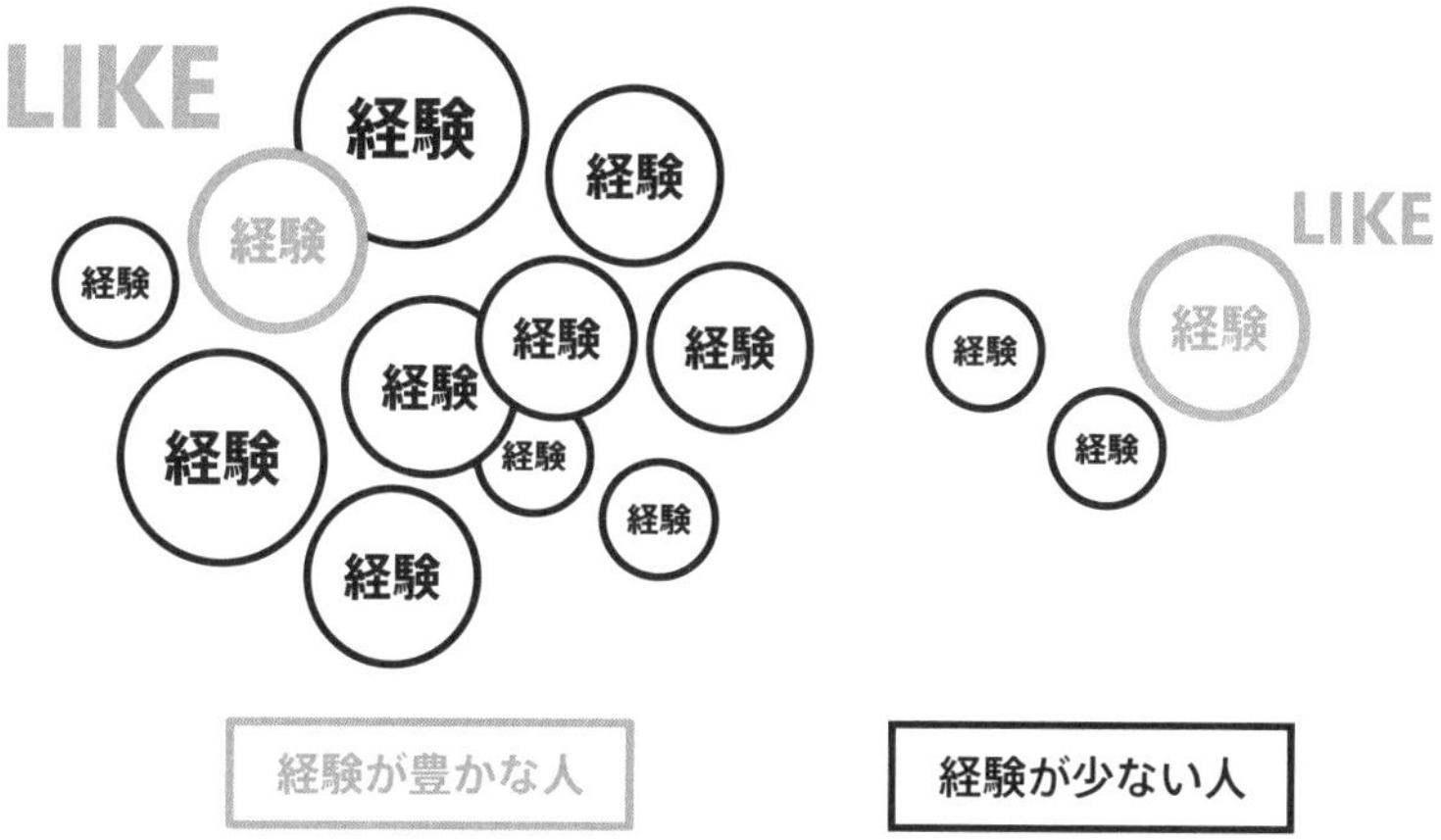

「好きなこと」は「経験したこと」の中から選ぶしかない

動画をつくりながら）影響力や機会を獲得してきたかという、謂わば夢物語を思い思いに語っている。爽やかでエネルギッシュなアートディレクションも相まって、とても素敵なキャンペーンであった。

では実際にこのスローガン通りに生きていくことを想像してみよう。考えるべきは前述の「好きなこと」である。

もし仮に都会の裕福な家庭で生まれ育ち、幼少の頃から海外での在住経験や、ボーイスカウトや旅行などのユニークなアクティビティ、あるいは国際的なボランティア活動に参加させてもらえるような多様な社会経験をしてきた場合、高校生の段階で進路を問われたとしても、「国連で働いてみたい」や「世界で活躍する金融マンになりたい」等の手触り感のある夢を語ることができるかもしれない。

きっとそのような若者は友人たちも豊かな経験をしており、仲間同士の普段の会話もバラエティに富んでいることだろう。「好きなこと」を選ぶオプションの数が多いのだ。

一方、例えば青春の殆どを趣味の釣りと部活のバスケだけに費やした地方育ちの若者がいたとする。地元では彼と似たような価値観を持つ人が多く、身近な先輩たちの進路先も地元で就職し、稀に医者やパイロットとなるケースもあるが、その選択肢は数える程度しか知らないものとしよう。もし彼が進路指導を受ける際、「好きなことで生きていいよ」と言われたとしても、余程インターネットなどで自ら能動的に情報を獲得する能力に長けていない限り、前述のような自分が知っている道の中から選ぶしかない。

この世界に広告代理店や投資銀行という業種があることなど、知る由もないのだ（もちろん「知っているから偉い」という意味ではない）。

ここで重要なのは「好きなことで、生きていく」という考え方の自由度は、個人の経験の量に依存するものであり、経験量が少ない中で変に進む方向を固定させられてしまうことで、人生において多大な機会損失をする可能性があるということだ。逆に考えれば、就職活動の段階で「やりたいことが見つかっていない」と悩む学生は、自分が得られる機会の量を最大化しようとしている点で非常にクレバーであるとも言える。経験の絶対量が明らかに少ない中で、過剰な自信とともに「やりたいこと」を語っている姿を見ると、多少懐疑的にならざるを得ない。

若い頃はモノではなく経験に投資をしなさい、とシニアが言う心はここにある。ただ、あまりにも多くの経験をし過ぎてお腹いっぱいになり、逆に選べなくなってしまうケースもあるので程よい塩梅を狙う必要があることは確かであるのだが。

一歩目の方向を決めるタイミング

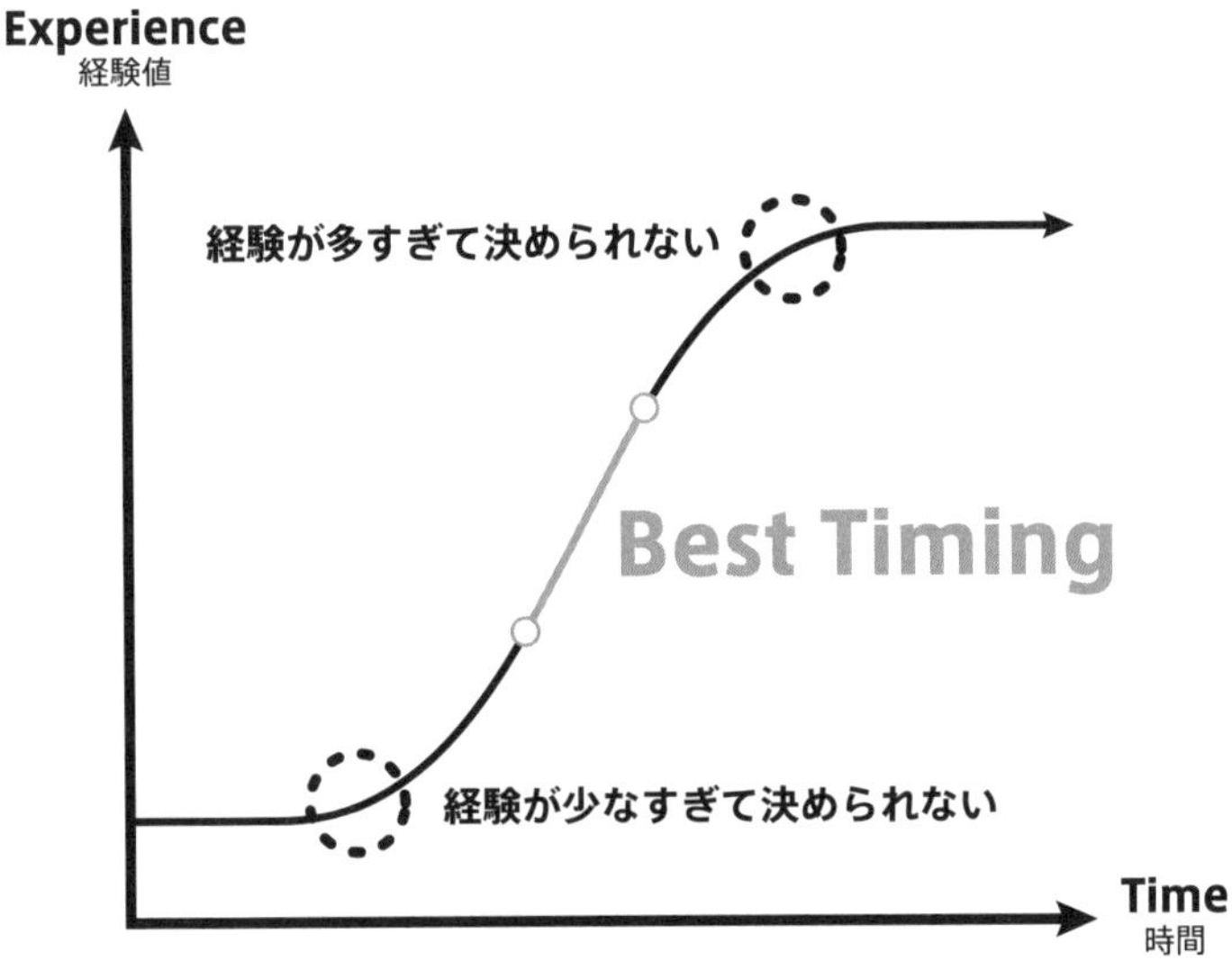

経験値は少なすぎても多すぎてもいけない

#「やりたいこと」への3つのアプローチ

「やりたいこと」が明確化されていないことに引け目を感じる必要はまったくない。ただ、もし見つかると、それは人生を豊かにする上で大きなドライブになり得ることは確かである。ここでは、現時点で「やりたいこと」が見つかっていない人が、自分自身でも認識していなかった夢の輪郭を捉えるための3つのデザイン思考的アプローチをご紹介しようと思う。

1. "Hashtag"型（情熱のピースを集める）

ピンポイントで「やりたいこと」が思い当たらなかったとしても、これまでの人生を振り返る中で、単発の思い出として楽しかったことや、情熱を持てたことはあるのではないだろうか。学業、趣味、部活、アルバイトや課外活動など、対象とすべきはすべての記憶である。

例えば「毎年夏に家族で行っていたキャンプが好き」「一人でゆっくりとサウナに通うのにハマっている」「バイトのキッチンスタッフとして料理をするのが楽しかった」「ポストに入っ

ているマンション広告の間取りはついじっくりと見てしまう」という人がいるとしよう。それぞれのエピソードは互いに独立しており、際立ってユニークなわけではないかもしれない。

ところが、これらの要素を簡易的にハッシュタグとして「#キャンプ #サウナ #料理 #不動産」と表現してみると、途端にその人が「大自然の屋外サウナと高級ジビエBBQが売りのグランピング施設の設計・運営」をするベンチャー経営者という仕事が「どハマリ」するかもしれない可能性が見えてくるのだ。それはその人にとって、今まで考えたことすらなかった人生の選択肢かもしれない。

ハッシュタグは何個書き出してもいいし、その全てを満たす必要はない。少なくとも二個以上を組み合わせることで、自分自身でも認識していなかった新しい情熱の対象と出会えるかもしれないのだ。

どんなに些細でくだらないことでもいい。自分がワクワクした瞬間をハッシュタグで紙に書き出してみよう。

2. "Don'ts"型（やらないことを決める）

他人の物差しで生きていると、日々、隣の芝生が青く見えてしまうことの連続である。外資系企業のインターンに行く友人がかっこよく見え、アルバイトで貯めたお金でバックパッカーをやっている友人がかっこよく見え、起業して売上を上げ始めている友人がかっこよく見える。それに憧れること自体は否定しないし、自然なことではあると思うが、自分でも全部やってみようとすると人生が狂い出してしまう。

なぜなら人生において時間は有限だからだ。もし無限に時間があるのであれば、全てに手を出して全てを極めることが出来るかもしれない。しかし限られた時間の中では、手を出した全てが中途半端になり、何も残らないという悲劇も十分にあり得る。

かつてスティーブ・ジョブズが、グーグル創業者のラリー・ペイジに『やらないことを決める。それが経営だ。』とアドバイスしたことは有名なエピソードであるが、仮に人生も自分という会社の経営であると考えると、「やらないこと」をまず決めることは重要な経営戦略となる。

クッキーを生地から型抜きする際、クッキー本体として抜いたほうにも、抜かれた側の生地のほうにも同じカタチが見えるように、自分の「やりたいこと」の輪郭は、実は「やらないこと」を明確にすることでも見えてくる可能性がある。

これをデザイン思考では〝Don'ts（ドンツ）〟と言い、プロジェクトの戦略立案のファーストステップとして「やらないこと」リストをつくるのだ。自分の人生において何を捨てるかを考えてみよう。

3.Needs型（他人に求められることを考える）

例えば幼少の頃に数年アメリカで暮らしたことがある帰国子女の若者がいるとしよう。英語の発音もネイティブ並みでリスニングもまったく問題がない。純ジャパニーズからすれば羨ましい限りであるが、本人としてはこの英語力は自らのアイデンティティでもなんでもなく、たまたま親の仕事の都合で向こうにいただけで、自分の努力によるスキルではないと思っていた。

会社に入って、海外プロジェクトをやっている同僚たちから、頻繁にグローバル・マーケティング要員でチームに呼ばれるようになると、その英語力を活かすことで高く評価されるようになり、気づけば周囲から「海外と日本を繋げる人」という認識を持たれるようになる。褒められて悪い気分はしないので、段々と自己肯定感が上がっていく。

そこで初めて世界と日本の間に立てるという帰国子女の特権は、アイデンティティにまで昇華した。

デザイナーに憧れて美大に入ったとある青年は、在学中に自分にセンスがないことに気づき、泣く泣く夢を諦め一般就職した。ところがスキルとしてフォトショップやイラストレーターを扱えるというだけで、社内のあらゆるクリエイティブ業務を振られるようになっていく。デザイン会社というわけではないので、ふと見渡せば、自分が社内で一番クリエイティブな人材として認識されていく。気づけばその青年は、会社のあらゆるデータの情報を整理し、キレイにビジュアライズすることで社内ＤＸの立役者として大出世した。

個人でも会社でも、自分で売りだと思っているポイントと、客観的に外から見たときの売りポイントにズレが生じている状況によく出くわす。この機会に、自分が周囲からどのようなときに求められているかを思い出してみよう。それが実はあなたのアイデンティティの卵かもしれない。

これら3つのアプローチは、デザイン思考を用いてクライアントと共に経営戦略を考える際に使われるフレームワークである。

是非、自分を客観的に捉え、自分自身をクライアントだと思ってこれらのワークを実践してみてほしい。自分という会社のポテンシャルを最大化する糸口が見えてくるだろう。

「やりたいこと」がない時の３つのアプローチ

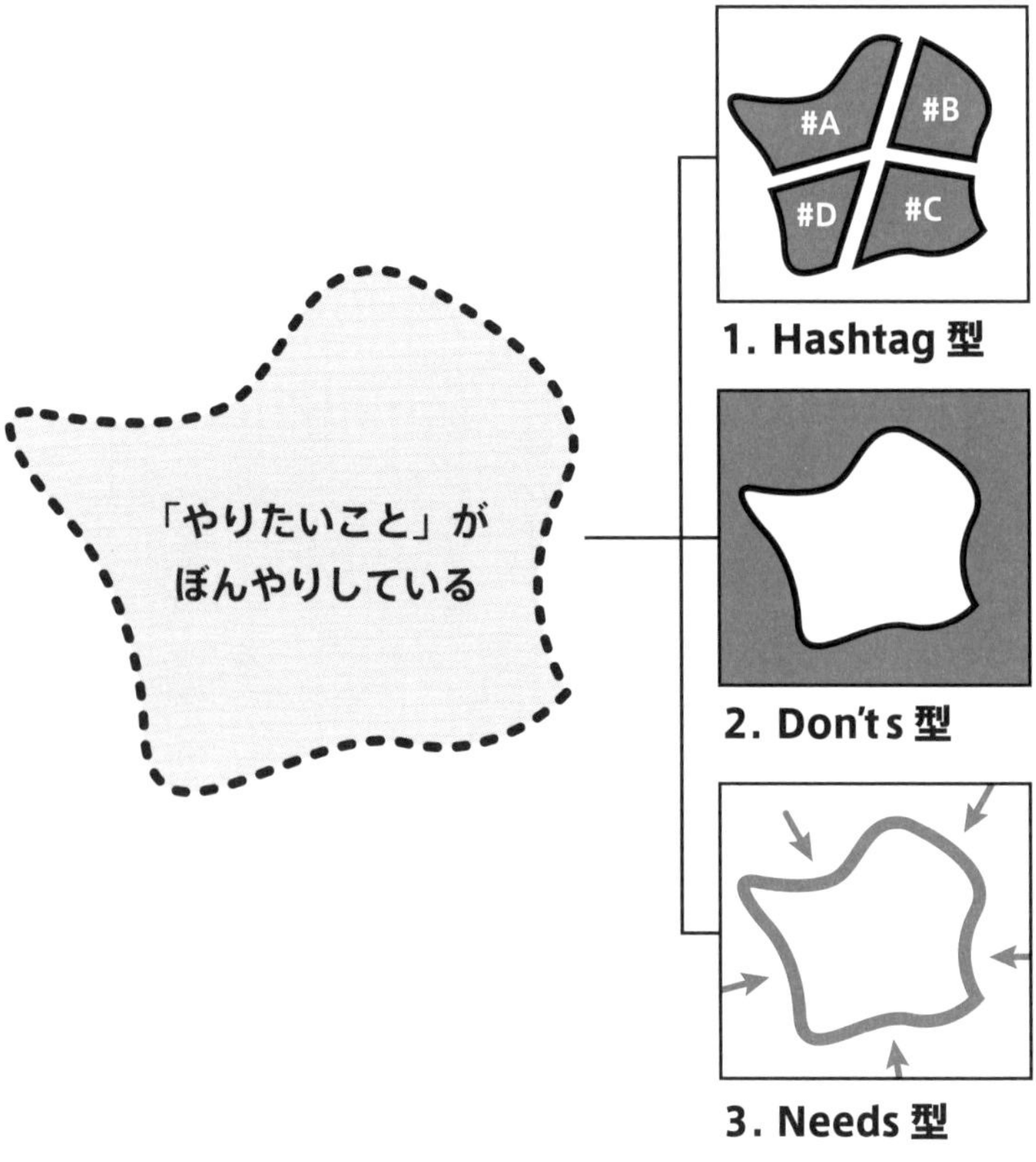

なぜ人は自己紹介が苦手なのか

前項の3つのアプローチをひと通り終えるとわかるのだが、「やりたいこと」や「アイデンティティ」がない人なんていないのではないかと本気で思えてくる。**単純に自分で自分のことを認識できていないというのが最大のイシューなのだ。**

広告代理店を軸として就職活動をしていた頃、そもそもなぜ代理店が必要なのか、その存在意義がわからなくなってしまったことがあった。クライアントはなぜ、自社の商品やサービスにもかかわらず、自分たちで広告をつくらないのだろうと疑問に思った。確かにつくったCMやポスターをメディアに掲載するにあたっては、テレビ局や新聞社といった媒体社との関係性もあり、代理店にお願いしたほうが楽かもしれない。

ただ、その企業のアイデンティティを考えることでもある広告戦略やクリエイティブ自体を外部委託することの意味がどうしてもわからなかったのだ。

ところがコピーライターとして働き始めてすぐ、その理由が徐々に見えてきた。

まず一般的な広告づくりはクライアントからのオリエンテーション（通称オリエン）から始まるケースが多い。広告をつくる上での要件定義のようなものだ。15秒のCMやポスターの中で伝えたいメッセージの優先順位について、じっくりと説明を受ける。

テレビCMにしても、街中でふと目にするポスターにしても、見る人にメッセージを伝えられる猶予はほんの数秒しかない。伝えられたとしても、ひとつやふたつのこと。仮に色々なメッセージを詰め込んでも、視聴者の記憶には残らない。

だからこそ、伝えたいメッセージを絞っていく工程は、広告づくりにおいて最も大事な作業と言える。このオリエンというプロセスを何度か経験したあるとき、ある傾向に気がついた。それは、クライアントの多くは、自分たちが「一番エネルギーをかけたところ」を「一番の売りポイント」だと思っていることだった。

例えばA社はレトルトカレーをつくっている食品メーカー。新商品はエビをふんだんに使ったカレーだ。

この商品開発の過程での「苦労や思い」をインタビューしていくと、どうやら何百匹というエビの殻から何十時間もかけてじっくりと出汁をとった濃厚なエビのカレースープに自信があるとのこと。当然、A社の広告部としては、どうしてもこのカレースープが一番伝わるようなCMをつくりたいと思い、オリエンシートの一番上に「エビの殻を50時間かけて煮込んだ究極の出汁」と書いてある。

ところが、代理店のマーケティングチームが行った想定顧客との試食会を通じて、食べた人が最も喜んでいるのは、実はスープではなく、ゴロゴロと入った大きなエビの身であることがわかった。

自分たちが「一番力を入れて自信を持っていること」と「他人から見たその商品の売り」がズレることは、往々にして起こり得る。商品に対する愛着や情とマーケティングは、当然ながら分離して捉えないといけないが、どんなに有名な大企業であっても混同してしまうことがある。

例えばB社の企業広告（商品やサービスを訴求する広告ではなく企業の理念や活動を発信して企業イメージを高めようとする広告）を担当することになった先輩コピーライターは、クライアントとの序盤のやり取りの中で「企業理念づくり」の工程が、先方の社内で悪意なく、軽んじられているのではないかという疑念を持った。

それは本来、企業理念は「企業のアイデンティティ」であり、投資家や社会と強固な関係を築く上で最も重要な役割を担うことであるにもかかわらず、納品までのスケジュールが極端に短かったり、あまりにも少ない予算しか充てられていなかったからである。「悪意なく」と表現したのは、B社側の気持ちもわかるからだ。

当たり前だが「言葉」はコピーライターにしか扱えない技術ではなく、ほとんど全ての人が日常的に使っているコミュニケーションツールであるが故に、数時間で「チャチャっと」書けそうに思えてくる。

CGをつくったり、アプリのコードを書くといった、彼らには出来ない専門的なスキルには価値を感じてもらいやすいのだが、言葉にはなかなか価値を感じてもらいにくいのだ。

そこで先輩はある日、思い切ってB社の役員を集め「自社の企業理念を書いてみよう」というワークショップを開いてみた。すると自社の事業内容に誰よりも詳しいはずの役員たちが、何時間経っても全然筆が進まない。

「一つひとつの事業の説明はできるけど、会社として何がやりたいのかを言葉にできない」と言うのだ。

このワークショップを通じて、言葉づくりの価値を十分に感じたクライアントは、その後、先輩コピーライターへの納品スケジュールと予算を大幅に変更したそうである。A社とB社の事例を通じてわかることは、

「人は自己紹介が苦手である」

ということだ。

広告代理店が存在する理由、それは一見誰しもが出来て当然と思われている「自己紹介」を代行してもらうことに対して多大なる価値を認められており、法人・個人によらず、人は自分のアイデンティティを客観的な目線ナシには認識することができないからなのである。

近年、広告の仕事の一部をコーポレート・アイデンティティ（Corporate Identity略称：CI）と表現するようになったのもこの為である。

なぜ人は自己紹介が苦手なのか

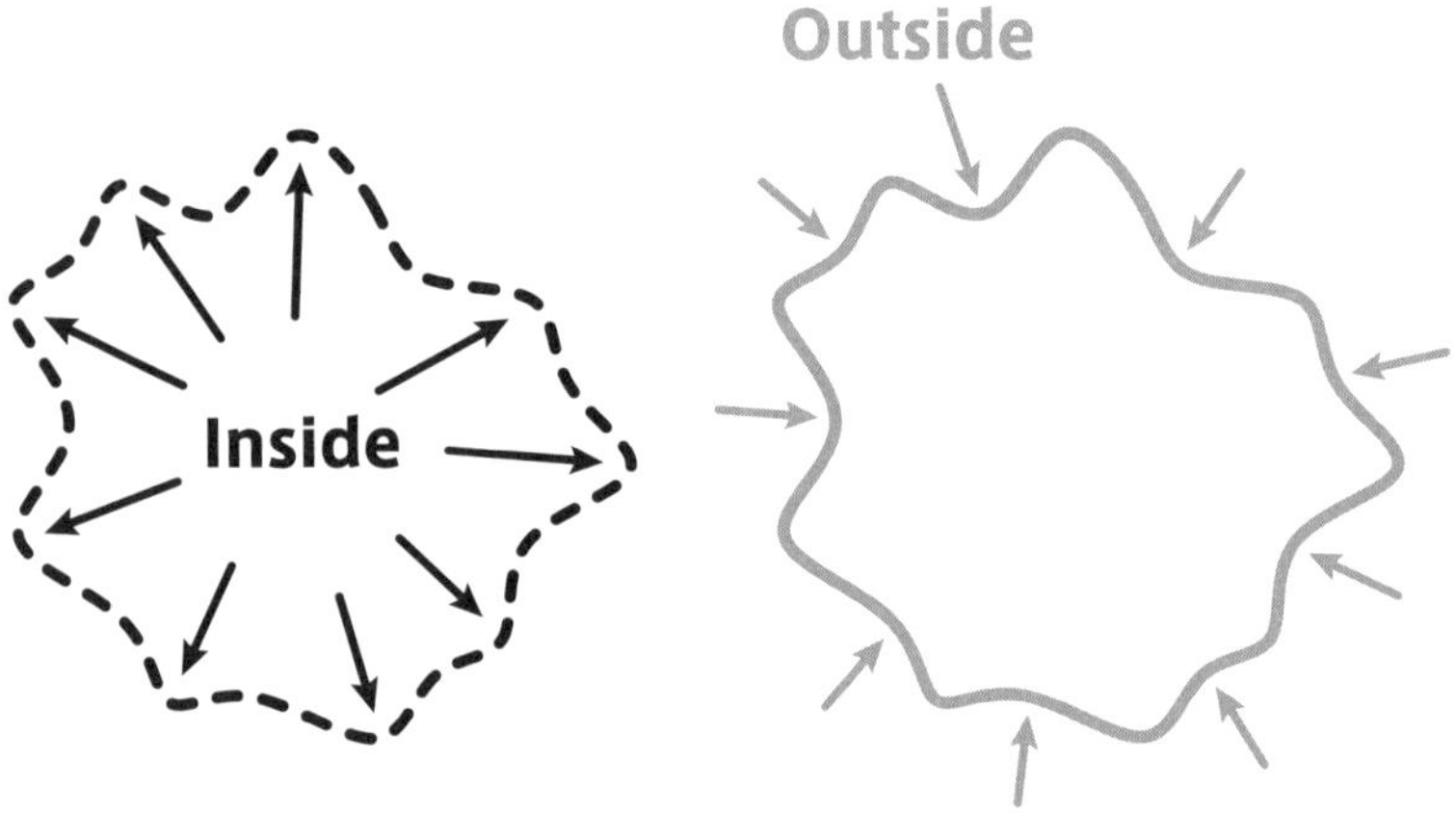

内部からは自分の外形が見えない

自分の外形を知るには外部からの目線が必要

価値＝希少性

第2章の冒頭で「自分の内なる声に耳を傾ける」や「主観を掘り下げていく」と言ったにもかかわらず、ここまで語ってきたことの多くが、どう読み返しても「他者からどう見られているか」が重要であるかのように見えてしまっている人もいるかもしれない。

そこで、このタイミングで共有しておくべき似て非なるふたつの行為がある。それは、

- **社会が決めた画一的な定規で自分の価値をジャッジすること**
- **自分の才能や「やりたいこと」が、自己満足で終わらず、社会になんらかの価値を与えているかどうかを「他人の客観的な目線」を通して確認すること**

は大きく異なっていることだ。前者は、偏差値や年収といった画一的な判断軸であるが、後者は実はあくまで自分軸で「やりたいこと」と社会とのタッチポイントを探る作業にすぎない。

また、人間の「やりたいこと」というのは無人島で独りだけで満足に遂行できることはかなり少ない。自分の存在や、自分がやったことに対して、他人が価値を感じ、リアクションをしてくれたときに大いなる満足感を得られるのだ。アイデンティティというのは他者との関係の中で生じる「現象」のようなものなのである。

ここでキーワードとなるのが「価値」という言葉だ。

リクルート出身の教育改革実践家である藤原和博氏は、講義の冒頭で「価値ってなんだと思う？」という質問を学生たちに投げかける。値段としては安くても、自分にとってはとても大切なものもあるため、単純に「価格」のことではなさそうである。

学生たちとのやり取りを何往復かした後、答えは「希少性」だと、藤原氏は言うのだ。確かに誰しも強い納得感があると思う。

例えば人気のスニーカーの中古価格を想像してみれば「世界に数個しかない」という「レア感」に対して、とてつもない価値が認められている。「なかなか予約が取れない」レストランも、フェラーリが掲げる「欲しがる客の数よりも1台少なく作る」という有名な哲学も、すべて同じロジックで考えられているだろう。

続いて藤原氏は「価値のある人間」の話に移っていく。ここで言う「人間の価値」は「正義」や「影響力」といった倫理観や道徳観の話では勿論なく、あくまで絶対数に対して「社会からどれほど求められているか」という「希少性」の話をしている。

そこでわかりやすく、「100万人にひとりの人材」になる方法の話が出てくるのだ。どの分野においても、100万人にひとりになることは、恐らく一生叶えられない人のほうが遥かに多い至難の業である。

それは野球の世界でいえば大谷翔平、将棋の世界でいえば藤井聡太がその筆頭に来るだろう。天才中の天才であり、希少で貴重な存在。

ところがもし、100万人にひとりとは言わず「100人にひとり」になれる分野を3つつくれ、と言われたとしたら、パッと聞いた第一印象のハードルは相当下がるのではないだろうか。実はそれは結果的に「100分の1の3乗」で100万人にひとりの希少性の高い存在になっているということなのだ。

私が敬愛するオランダ人の建築家レム・コールハースは、建築設計事務所OMA（Office

価値と希少性の関係性

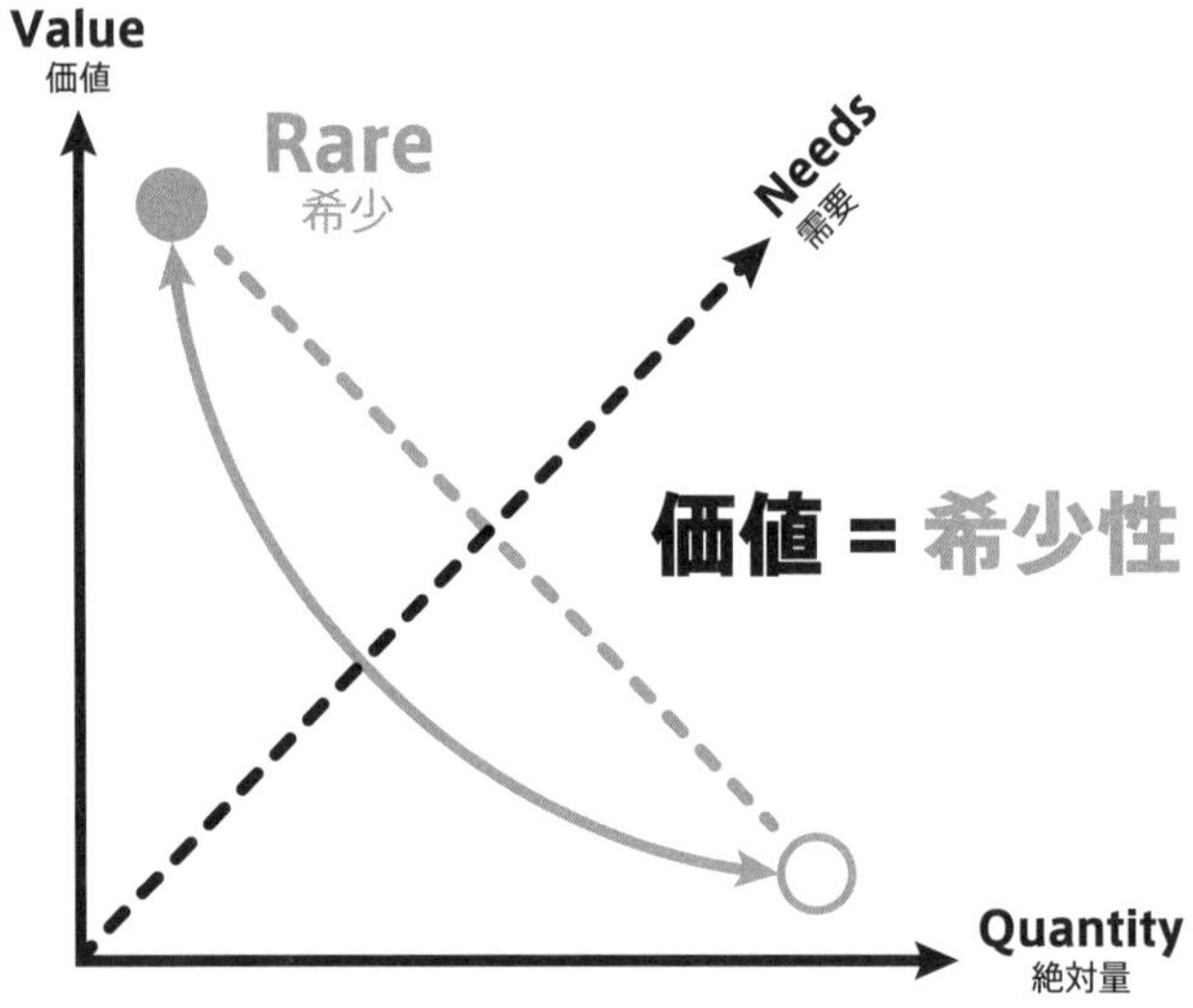

世の中からの需要が同じ場合
絶対量が少ないものの価値は高くなり
量産されているものの価値は低くなる

for Metropolitan Architecture）を創業・主宰し、建築界のノーベル賞と言われるプリツカー賞を受賞している巨匠建築家である。

彼は建築の道を志す前、ジャーナリストや脚本家という言葉を扱う仕事から社会人キャリアをスタートさせ、その後ＡＡスクールという建築の専門大学を経て、『錯乱のニューヨーク』というマンハッタンの建築物をテーマにした書籍で建築界に鮮烈なデビューを果たした異例の建築家だ。

「都市で暮らす人々はみな演者であり、建築家は彼らのための舞台装置をデザインする仕事である」という元脚本家ならではの思想の下、クライアントの企業に対して建築のデザインだけでなく、経営者がその建築を通して世界に発信すべきメッセージ（セリフ）までもを納品する独自の戦略で、ブランディングという専門性も徐々に築き上げていった。

レムは最終的に「ジャーナリズム」「建築」「ブランディング」という誰が見ても１００人にひとりと呼べるだけの３つのスキルを獲得し、結果的にそれらの乗数として１００万人にひとりの唯一無二の存在になった。

藤原氏曰く、獲得すべき３つのスキルは、互いに全然関係のないかけ離れたものを選ぶほど、ユニークな人材になっていくと言う。おそらくポジティブな裏切りが生まれるからであろう。

希少性を面積として捉える

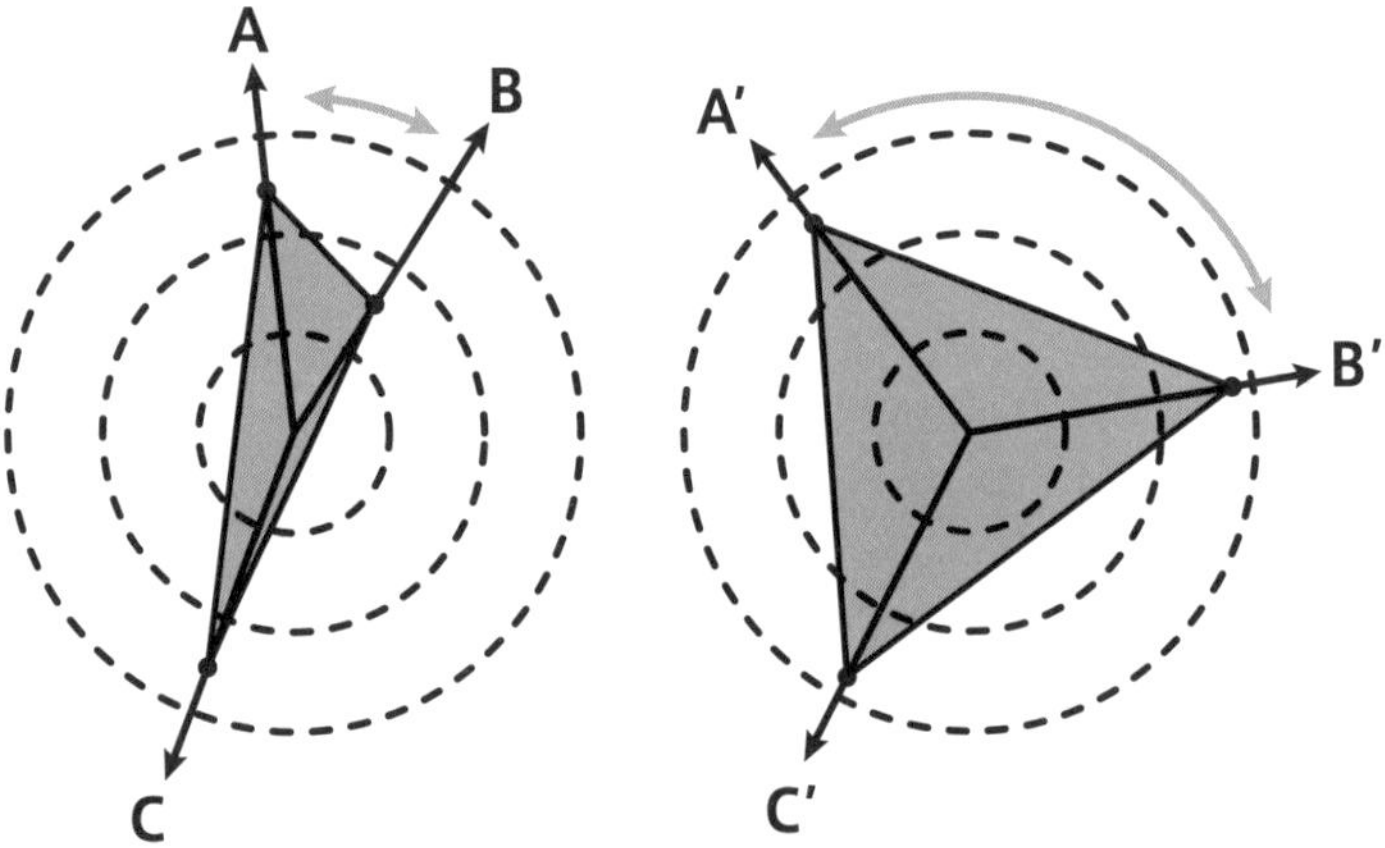

三角形の面積の大きさ ＝ 希少性の高さ

A / B / C の三個の専門性間の距離は

互いに離れているものの方が良い

日本語の表現で言えば「なのに」がそれに当たる。「ギャル〝なのに〟農家」や「お坊さん〝なのに〟MBAホルダー」などがそれだ。例えば「建築設計」と「インテリアデザイン」は確かに別のスキルではあるが、エリアが近すぎるために希少性が薄れてしまう。図の三角形をなるべく大きく、広くしていくイメージを持つと良い。

実際に私自身も、この考え方に乗っ取り、まず学部で「建築」をある程度習得し、続いて広告代理店で「コピーライティング」を実践し、最後は起業をすることで「事業創造」という専門性を徐々に身に付けようと苦心している。

重要なのは3つのスキル（専門性）を身につける順番だ。いきなり複数に手を出すと何者にもなれずに時間だけが過ぎていくだろう。

まず、ある分野Aにおいて専門性をつくる。次にそのスキルを引っ提げて、別の分野Bに乗り込むのだ。すると分野Bのプロ集団の中で「分野Aのスキルを持った面白い人」として色んな仕事に呼ばれるようになる。そこでは分野Aのスキルを発揮しているだけでいい。

その過程で分野Bのスキルをたくさん教えてもらえるのだ。分野Bの専門性が身についたら、時折分野Aに凱旋帰国するのもいいだろう。そこでも分野Bの専門家としてまた重宝される。数年経って「AなのにB」というダブルスキルを手にした段階で、最後に分野Cに飛び込むのだ。

当然ながら希少であれば何でもＯＫというわけではない。世界に一足しかないスニーカーと言っても、誰も知らないメーカーのダサい手づくりバッシュであれば誰も欲しくない（逆に欲しいかもしれない笑）。あくまでも多くの人に魅力的と思ってもらえるような組合せである必要があるが、一旦そこはあまり意識しなくてもいいと思う。

ソーシャルメディアがこれだけ発達し、どんなにニッチなものでも誰かが見てくれる世界においては、希少でさえあれば、その方向性自体はあまり関係ないとも考えられる。まずは一歩目として、何かの分野で１００人にひとりの専門家になってみることを意識してみよう。

他人軸や画一的な定規の中で生きていくというのは、思考を停止できるという点では楽なのだが、難易度としては実は非常に高い。偏差値の高い大学に入るのも、人気の大企業に就職するのも、その会社の中で出世するのも、どれもとてつもなく大変なことである。

それはまるで何百万人もの人が登っている山で頂点を目指すようなものだ。

もしそんな勝負に疲弊し、自分を見失いそうになるのであれば、誰も登ろうとしない手つかずの山に挑戦してみるという方法がある。今となっては徐々に一般化されてきている「起業」も、まだ依然として多くの人が登ろうとしない山かもしれない。

周囲の多くが米国留学に挑戦するのであれば、自分だけインドに留学してみてもいいかもしれない。誰も登ろうとしない山には、残念ながらロールモデルという名の登山道が存在しないため、自分で手探りで登っていく必要がある。ところが頂点に辿り着くまでのハードル自体は低いことが多い。

あるいは藤原さん方式で行くのであれば、小さめの山を何個か登るというのも「希少性」を高める方法のひとつだ。

このように希少な道を選ぶチャレンジ精神は、次第に価値を持ち始め、誇りへと進化し、最後にアイデンティティに姿を変えていく。

人生における山選びについて

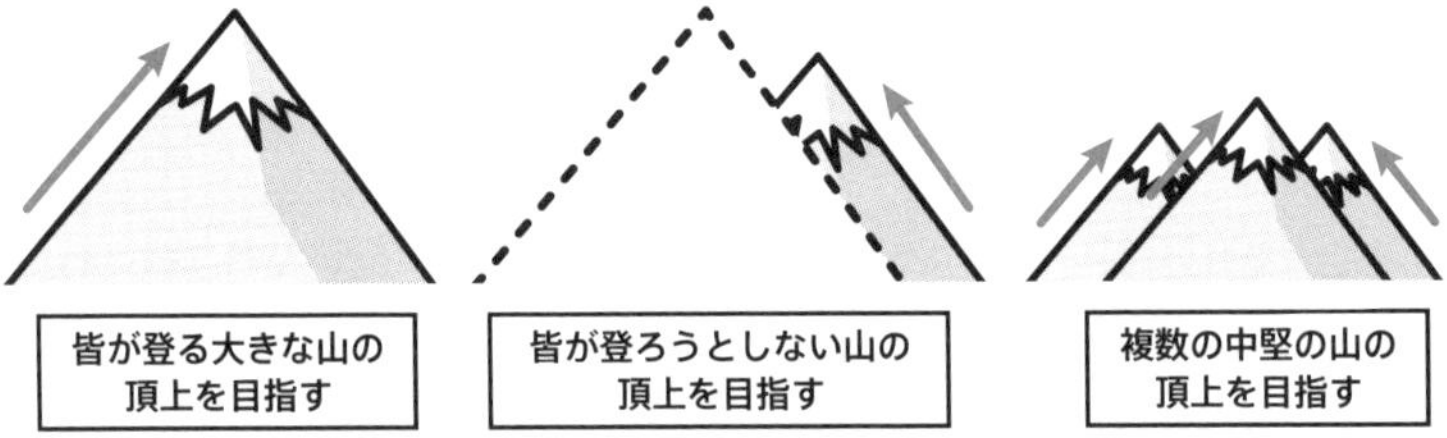
皆が登る大きな山の
頂上を目指す
皆が登ろうとしない山の
頂上を目指す
複数の中堅の山の
頂上を目指す

**皆が挑戦する大きな山で頂上を目指すことは確かにかっこいい。
ところが山は他にもある。誰も登ろうとしない手つかずの山、
あるいは中堅の山を何個か制覇するという道もある。**

ハッシュタグで考える

価値という考え方を覚えたところで、再度ハッシュタグについて考えてみよう。

先述の「やりたいこと」が見つからないときのアプローチにおけるハッシュタグ型は、あくまでも自分を内省することで、過去から現在の経験や思い出の中に情熱のきっかけを見つけるための方法論であった。

ところが今回は、これまでのワークを通じて自分の価値を認識した後、自分が未来にやりたいことを「プレゼンテーション」するというフェーズにおけるハッシュタグの有用性について考えていく。

自分と向き合い、努力して獲得したスキルや専門性は、後々自分のユニークネスを表現する際の「ハッシュタグ」へと昇華していくことになるのだ。ソーシャルネイティブ世代には釈迦に説法になるが、敢えて、改めて「ハッシュタグ」を説明すると、SNS上での投稿に対して「#」と共にトピックを端的に表現するキーワードを加えることで、その投稿をわかりやすくカテゴライズし、内容に興味を持っている全然知らない人と繋がるためのきっかけもつくるタグ付け機能のことである。

ハッシュタグの面白い点は、ひとつの投稿に対して無数にタグを付けられる点だ。複雑で奥深い投稿であればあるほど、ひと言で要約することは難しく、むしろ様々な要素の複合体として見せるほうが、読み手の想像力を掻き立ててくれる。

実は人物像を表すときもまったく同じなのだ。端的に表現するという観点で、もう少しライトな言葉を使うと「あだ名」とも言えるかもしれないし「キャッチコピー」とも言えるかもしれない。

例えば前衛芸術家の草間彌生さんであれば、多くの人は真っ先に「#水玉」や「#カボチャ」を連想するのではないだろうか?世界に誇る日本を代表する建築家の安藤忠雄さんであれば「#コンクリート」や「#幾何学」というイメージを持つ人も多いだろう。本当は各々これ以外にも多様な作品を数多くつくられているのだが、マスからの目線ではこう見えている。

これらのハッシュタグは、クリエイティブ業界では「作風」や「作家性」と呼ばれ、アイデンティティとほぼ同義である。彼らのお客さんは、必ずしもアートや建築に精通しているわけではないが、彼らの「作風」に一目惚れし、自分も同じようなものが欲しいと思って発注するのだ。

これはある意味ではブランド品のロゴマークのようなもので、語弊を恐れずに言えば、どんなものであっても、そのロゴが付いていれば喜んで買う人がいるくらいとても強いセールス力を持っている。もし自分の人生にもそのくらいパワフルなハッシュタグが付いたとしたら、恐らく一生食べていくのに困ることはないだろう。

まだ「作風」や認知が確立されていないような未熟な場合でも、自分を知らない人に自分を売り込む場面で、このハッシュタグ的表現手法が役に立つ。それは、

「これから将来やりたいことを、周知の事象の組み合わせで表現する」

というものだ。この手法が効力を最大限発揮するのが「エレベーターピッチ」と呼ばれるシチュエーションである。

エレベーターピッチとは、その昔、映画の聖地ハリウッドで、売れっ子脚本家を夢見る大量の若者たちが、たまたま映画会社のビルのエレベーターで大物プロデューサーと乗り合わせた

際、一瞬で自分の企画に関心を抱いてもらうための超短時間プレゼンの手法として確立されていった。想像してみてほしい。プロデューサーと出くわしてからエレベーターを降りるまで、どんなに長くても数十秒という時間しかない中、彼に映画の内容をイメージさせ、ワクワクさせないといけない。ストーリーをゼロから説明している時間なんてない。そこで登場するのがエレベーターピッチ。「周知の事象を組み合わせて表現する」のだ。例えば、

東京の丸の内で『セックス・アンド・ザ・シティ』をやります！
『バック・トゥ・ザ・フューチャー』を江戸時代でやります！
『トップガン』のドクターヘリ版をやります！

これらの企画が面白そうかどうかは別として、企画内容はなんとなくわかる気がするだろう。誰もがストーリーを知っている有名映画をモチーフにして、そのキャストや設定を少しズラしてプレゼンテーションを行うのだ。実際、世の中の企画のほとんどはこの手法で出来ている。

このエレベーターピッチ的な説明は、エンタメの世界だけで使われているものではない。スタートアップのビジネスコンテンツを見ていると頻繁に出てくる表現だ。

日曜大工に特化したＤＩＹ版『クラシル』をやります！
全国に無数にある空き寺版の『スペースマーケット』をやります！
簡単な引越し作業用の赤帽版『Ｕｂｅｒ』をやります！

そのサービスが成功するかどうか別として、投資家目線では大分わかりやすいのではないだろうか。このように情報がまったくない中でゼロから物事を説明するのは相当に難しい。だから相手にとって既知の情報を組み合わせることで、速く、正確にコミュニケーションを取ることができる。お互いの認識の齟齬は限りなくゼロに近くなる。

このエレベーターピッチもある種のハッシュタグ表現と言える。『#日曜大工』『#ＤＩＹ』『#クラシル』『#動画サイト』と言うように、みんなが知っている簡単な言葉を組み合わせるだけで良い。

第０章でも言及した通り、我々が考えるアイデンティティとは「自分にとって望ましい未来を選択し続ける意思決定の連続」であるとするならば、**自分がこれからやりたいことを、簡単な言葉の羅列で表現してみる練習をするといいかもしれない。**

価値観のランキング

ここでは自分の「好きなこと」やハッシュタグを見つけやすくするための「価値観のランキング」という誰でもひとりで簡単にできるワークを紹介する。ペンと付箋、あるいはスマートフォンのメモ帳があれば十分だ。

このワークでは、自分が無意識的に大切にしている「価値観」をビジュアライズすることを目的としている。「価値観」の定義は、この1年間、自分自身が、

1.何にお金を使ったか
2.何に時間を使ったか
3.何に意識を奪われていたか

この3つの要素をざっくりと総合的に掛け合わせた結果のことである。まずはランダムでいいので、自分が大切にしているものを思いついたものから順番に書き出していこう。

例えばAmazonや楽天などのECプラットフォームの購入履歴を眺めてみて、化粧品をたくさん購入していたとしたら「1」の観点で「美容」と書く。カレンダーを遡ってみて、サウナに頻繁に通っていたとしたら「2」の観点で「サウナ」。お金も時間も使っていなくても、ついスニーカーのサイトに毎日数分だけ訪れてしまうクセがある場合は、すっかり意識を奪われているので「3」の観点で「スニーカー」と書く。

他にも書き出す要素としては、「恋愛」「家族との時間」「友人との飲み会」「キャンプ」「読書」「スケッチ」「レストラン巡り」などなど、十人十色である。まずは10分ほどかけて、自分が大切にしている価値観をすべて書き出してみよう。多くの場合10〜20個くらい出てくるはずである。

次にこれらの要素のランキングを付けていく。やり方はシンプルで、書き出したすべての要素を総当たりで一つひとつ比較し、どちらのほうが自分の人生を豊かにしているかを考えていけばいい。もしペアで出来る環境にあるならば、相手に付箋やスマホを預け、「AとB、どちらが大切？」と聞いてもらうといいだろう。

このワークの面白いところは、自分でも認識していなかった要素が上位にきたり、自分が大切にしていると思い込んでいたものが想定よりずっと下にくることがある点だ。

人間は自分が大切にしている価値観を客観的に認識できていない。そしてこのランキングにおいて、上位の要素を何カ月も満たすことができないとメンタルを崩してしまうという研究もあるのだ。

これはもともとビジネススクールの営業の授業等で扱われたりすることがある。自分の価値観を考えるのではなく、クライアントの担当者の価値観を知ることで営業活動のほとんどは完了している、という文脈だ。

例えば飲みの席で、営業先の担当者が太宰治の文章が好きであるとポロっとつぶやいたのを聞いたとする。もし次に会うまでに太宰の小説を三冊読んで、たっぷり感想を語ったとしたら、先方はあなたの大ファンになってくれるだろう。

人は自分が大切にしている価値観を理解してくれた相手に心を開きやすいのだ。

このワークを通して、自分でも認識していなかった大切な価値観に気づき、自分が何を大切に生きているのかを把握してみてほしい。そして是非、このワークは半年に一回、少なくとも一年に一回のペースで定期的に行ってほしい。

価値観は驚くほど時々刻々と変化していくからだ。

自分の価値観ランキング

価値観 ＝ お金 × 時間 × 意識

・デザインの勉強
・サウナ
・料理の時間
・キャンプ
・家族と過ごす時間
・恋愛
・友人との飲み
・読書
・スニーカー
・SNS（承認欲求）
・筋トレ

1位　友人との飲み
2位　筋トレ
3位　料理の時間
4位　SNS（承認欲求）
5位　デザインの勉強
6位　読書
7位　キャンプ
8位　家族と過ごす時間
9位　スニーカー
10位　サウナ
11位　恋愛

望ましい未来とは何か

アイデンティティは肩書のことではなく、これから自分が行きたい未来像によって規定されるという話をしてきた。これまで述べてきた訓練を通じて、なんとなく「行きたい未来」を想像できてきているかもしれないが、まだ常識や先入観の殻が邪魔をしている人も多いと思う。

ここでは自分自身の中にある壁、あるいは社会の中に立ちはだかる壁を壊そうとする先端的なデザイン思想、〝Speculative Design（スペキュラティブ・デザイン）〟を紹介しよう。

聴き慣れない言葉だと思うが、「スペキュレート」という言葉自体は金融の世界で「投機する」の意味で一般的に使われている。私はたまたま、この言葉を以前から知っていた。

1940年に書かれたジェームズ・ヤングの著書『アイデアのつくり方』の中に、社会学者パレートの学説を引用した以下のような一節があったのだ。

パレートは、人間は「スペキュラトゥール」（思索家）と「ランチエ」（金利、配当などで暮らす人）という2タイプに大別できると考えた。

パレートによれば「スペキュラトゥール」とは物事の新しい組み合わせの可能性を常に考えている人種だ。

スペキュラティブ（思索的）な人はビジョンをつくり、その他の人はその恩恵に預かっている、と言えるかもしれない。

スペキュラティブ・デザインというコンセプトが最初に提唱されたのは、ロンドンの芸大とも言われるロイヤル・カレッジ・オブ・アート出身のアンソニー・ダンとフィオナ・レイビーの著書〝Speculative Everything（邦題：スペキュラティブ・デザイン）〟の中でであった。

この本の冒頭において、彼らはデザインの定義に関して次のように述べている。

When people think of design, most believe it is about problemsolving.[...] There are other possibilities for design: one is to use design as a means of speculating how things could be - speculative design.

多くの人は「デザイン」と聞くと「問題解決」のことだと思うだろう。ところが他の可能性

もある。ひとつは、デザインは「物事はこうなっていたかもしれない」と思索するための手段にもなり得ることだ。

言い換えれば「デザイン」という誰もが目で見ることができる表現媒体を活用して、自分が想像する「あり得たかもしれない未来」のシナリオを社会に対して共有できるのではないか？という思想だ。

この考え方における現在と未来の関係性を考えてみよう。

彼らは著書の中で〝Future Cone（未来の三角錐）〟と呼ばれるダイアグラムを描いている。私たちは無意識的に、未来への時間軸というのは一本のレールのようなもので、私たちはその上をただ受動的に流されていくしかない、と思い込んでいた。ところがこのダイアグラムが示しているのは、未来には、起こり得る可能性に準じて幅があるのではないか？ということ。

横軸を時間軸として、左側に「現在」・右側に「未来」、縦軸はその事象の「起こり得る可能性」を示している。

未来の三角錐と自分にとって望ましい未来

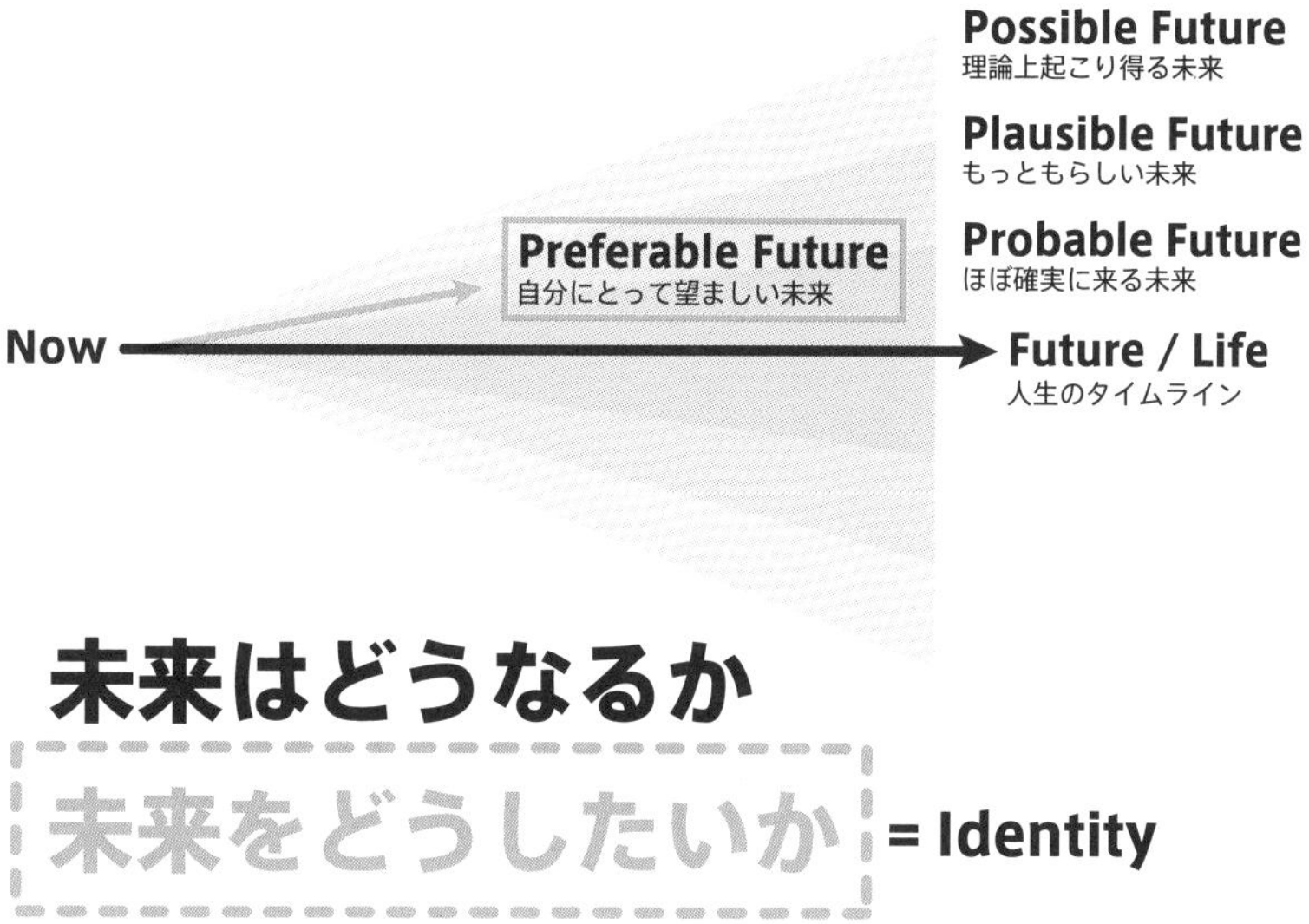

濃度の異なる二等辺三角形には、時間軸に近いほうから順番に〝Probable Future（ほぼ確実に起こる未来）〟、〝Plausible Future（もっともらしい未来）〟、〝Possible Future（理論上起こり得る未来）〟となっている。

つまり未来というのは一本道に定められているのではなく、スペクトラムになっているのだ。**そしてデザイナーをはじめ、これからのリーダーの役割というのは、このあまたある未来の選択肢の中から〝Preferable（望ましい未来）〟のシナリオを提示することではないか、と述べている。**

かつて思想家のバックミンスター・フラーは〝The best way to predict the future is to design it.（未来を予測するための最適な方法は、自分でデザインしてしまうことだ。）〟と述べた。すなわち未来は「どうなるか」という受動的姿勢で向き合うべきものではなく、未来を「どうしたいか」という個人の願望に基づいて提示されるべきであるということ。さながらSF小説家のようだ。スペキュラティブ・デザインの思想を持つアーティストたちは、彼らにしか描けない未来世界を芸術という表現を通じて我々にシェアしてくれる。それはあまりに突飛で、自分の思考が如何に小さくまとまっていたか反省させてくれるのだ。

「望ましい未来」と聞くと、まるで子どもの頃の「将来の夢」のように動かしにくい確固たるもののように感じてしまうかもしれないが、実は数ある未来のシナリオ、言い換えれば自分という人間の可能性の中のたったひとつのプランにすぎない。それは何度でも書き直していい。自分自身の未来を自分自身で狭めず、無限に広がっていく二等辺三角形をイメージしてみるといいだろう。

まずは自分の行動を制限している要素（環境、お金、人間関係、年齢など）が仮にすべてなくなったとして、どんな人生を歩みたいかを自由に箇条書きにして妄想してみよう。次にそれらの望ましい未来と、現状とのギャップを生み出している具体的な原因を書き出してみる。改めて細かく言語化をしてみると、実はその一つひとつは解決可能であるケースが多いのだ。未来と今を「なんとなく」で捉えず、徹底的に因数分解して解像度を上げることで、フットワークは随分と軽くなるはずだ。

VUCAとスペキュラティブ・デザイン

前項で触れたが、アイデンティティについて思考の枠を超えて考える手段にSpeculative Design（スペキュラティブ・デザイン）がある。

なぜ今スペキュラティブ・デザインがアートの世界のみならずビジネスシーンでも注目されるのか、いくつかの事例を紹介しながら深掘りしてみよう。

まず最初はThomas Thwaites（トーマス・ウェイツ氏）の〝Goat Man: How I Took a Holiday from Being Human（ヤギ人間：私は如何に人間という状態から休息を取るのか）〟という作品を見てみよう。

「ヤギになりたい」と思いついた彼は、英ロンドン大の王立獣医カレッジのジョン・ハッチンソン教授やマンチェスターのサルフォード大学のグリン・ヒース教授らのサイエンティストとともに、身も心もヤギになるためのエンジニアリングを始める。脳に磁気の刺激を与えるTMSによってヤギの思考に近づこうとするなど、一見バカバカしくも科学的なアプローチを取る。そしてついに、ヤギを模した人工の脚や反芻する胃を研究者とともに作り出した彼は、満を持してアルプスにある山岳地帯へ放牧「される」のだ。

もうひとつ見てみよう。Superflux（スーパー・フラックス）は、アート作品を通じて未来の在り方を提示する実験的なイギリスのデザインスタジオだ。こちらの〝Mitigation of Shock（衝撃の緩和）〟という作品は、マンションの一室のような空間作品である。

部屋に入ると「2050年 世界規模の不作」という新聞記事が置かれており、周りを見渡せば、様々な食用植物が人工的に栽培され、たんぱく源となるコオロギが飼育されている。ある種のディストピアなのだが、こんな未来が来てしまうかもしれない、というリアリティを伴っている。

これらの作品はスペキュラティブ・デザインの代表的なアプローチで、「現実には存在しない未来の世界を探求することを通じて、人々の想像力を刺激し、社会的、文化的、技術的な問題に取り組むための方法」である。

もう少し平易に言えば、「そんな大げさなことしないといけないの？」と思わせる誇張した未来像を見せることで、鑑賞者に新しい論点を提示し、未来への心の準備をさせている。まさしく衝撃の緩和なのだ。


なぜそんなことをする必要があるのか？

それは現代が先の読めないＶＵＣＡの時代だから。

ＶＵＣＡは近年よく目にするようになった変動性（Volatility）不確実性（Uncertainty）複雑性（Complexity）曖昧性（Ambiguity）の頭文字を取った造語である。

コロナや戦争はわかりやすい例であるが、昨日までの当たり前が、今日崩れ去る可能性を持っているこの時代においては、「こんなはずじゃなかった」という不測の事態を、如何に事前に想定できるかということが生存の鍵となる。スペキュラティブ・デザインは、一見するとナンセンスに見えるような（恐怖の）シナリオを見せてくれるのだが、その作品をきっかけに一度そのトピックについて考えてみてほしい。


もし本当に人間が動物と共生しないといけなくなったとき、もし本当に作物が何も穫れなくなってしまったとき、きっと対応する際の初動が変わるだろう。

問題提起としてのデザイン

Thomas Thwaites "GoatMan: How I Took a Holiday from Being Human"

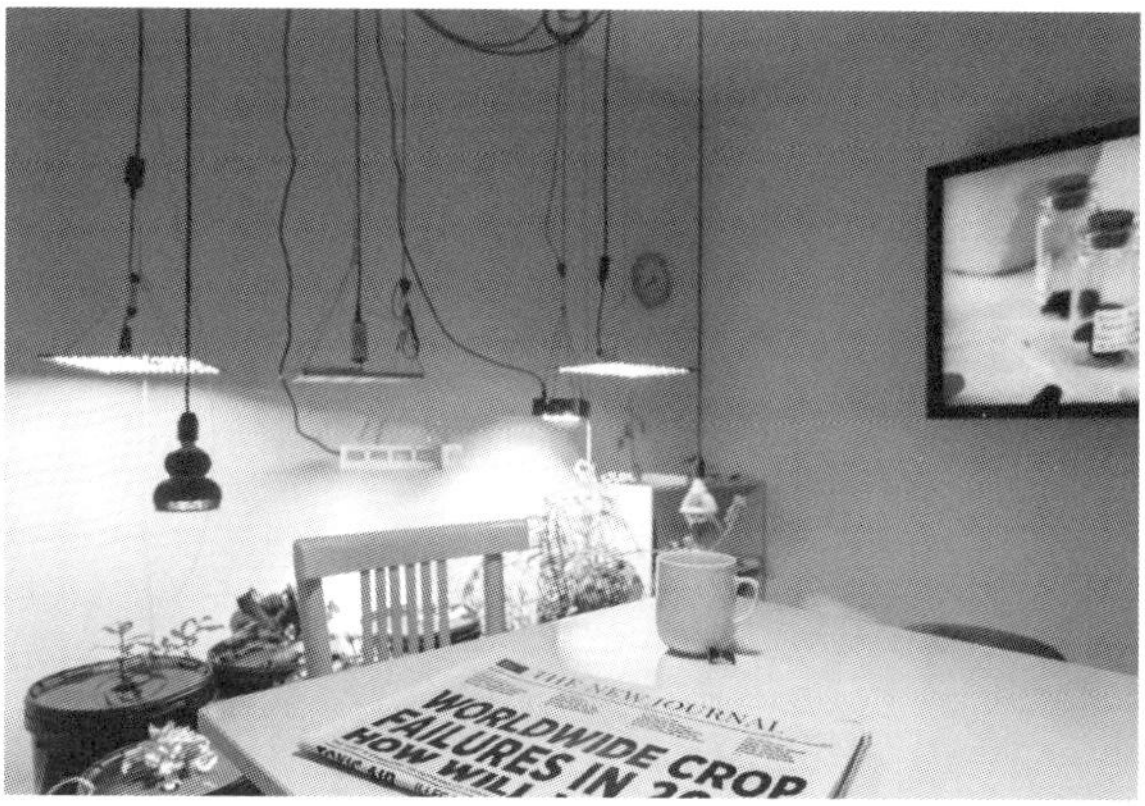

Superflux "Mitigation of Shock"

日本人とSF思考

街頭インタビューで「あなたは将来何がやりたいですか?」という質問を聞かれたとき、瞬時にペラペラと語れる人はどれくらいいるだろう。感覚として日本人には少ないように思える。それは自分の夢を語ることを恥ずかしいと捉えている文化性もあるが、そもそも自分の将来のことを考えることに対して苦手意識を持っている人も多いのだと思う。ここでは未来に想いを馳せる「能力」について考えてみたい。

第1章でも触れたように、金融の世界を生きる人たちが、未来を先読みする力を養うために日々努力を重ねていることは極めて自然なことのように思える。それは未来と現在の価格の差分こそが、彼らの利益の源泉だからだ。

一方、本書の著者の一人である私は「建築家」という側面があるのだが、「建築」と「未来」の間に直接的な関係性が見える人はかなり少ないかもしれない。なぜ建築家は、未来を語りたがるのだろう。

実は、アイデアを構想し始めてから実現するまでのタイムラグと社会的影響力にポイントがある。

例えば一人暮らしの夜、冷蔵庫にあった卵とベーコンでカルボナーラを食べようと思ったとしよう。この場合、メニューを思いついてから食器に盛り付けて食べるまでに、手際のいい人であれば15分もあれば完了するだろう。

少し仰々しい言い方をすれば、この「クリエイティブ・プロセス」の前後で、世界の様子はほぼ何も変化していない。仮にカルボナーラの完成間近にミートソースが食べたくなってきてしまったとしても、それでガッカリ（迷惑）するのは自分だけである。社会的影響は何もない。

今度は巨大な都市開発を考えてみよう。近年では東京や大阪はもちろん、世界のあらゆる場所で毎日のように大規模工事が進んでいる。

こういった開発は、当然ながら構想から実現までに膨大な時間と労力がかかる。資金調達、地権者との交渉、インフラ整備、設計デザイン、そして施工。どんなに短くとも数年、長いと数十年を要するものもある。

すると、構想していた頃と、竣工する頃で、世界は大きく変化している。活性する産業の質、通信や移動の手段、外国人比率、価値観やカルチャー。

すなわち建築家や都市計画家は、構想を始める初期段階で、数十年後の完成時期の未来をある程度予測しないと設計ができない。もしその未来像の見立てを一歩間違えれば、社会に大きな悪影響をもたらすガラクタをつくってしまう可能性すらある。

その観点では、建築家とSF小説家はかなり似ている。自分が行きたい未来像を描き、その未来で起こり得るシナリオを徹底的に深掘りしていくところからスタートするのだ。

実際、高度な先見性をもっていた建築家パオロ・ソレリは、1970年代に既に現代のスマートシティの先駆けとなる「アーコロジー（Architecture + Ecology）」という概念を提唱し、米国アリゾナ州にアーコサンティという実験都市をつくっている。インターネットもデジタルも何もない時代に。

また、イギリスの前衛建築集団アーキグラムは、1960年代から70年代にかけて、都市自体に脚を生やして移動することができる「ウォーキング・シティ」や、メガストラクチャーという巨大な骨組みに、マンションやオフィスといった機能を伴ったユニットを組み込んでいく「プラグイン・シティ」など、ユニークなドローイングで実験的な未来のアイデアを提唱している。いずれも過密化し過ぎた現代の都市の大いなるソリューションになる構想だ。

未来構想という分野において、実は日本人は大いなるポテンシャルを持っている。建築界のノーベル賞と言われるプリツカー賞では、丹下健三、安藤忠雄や槇文彦など、日本人は米国人に次いで最多の九人もの建築家が受賞している。

またＳＦの世界に目を向ければ、星新一、筒井康隆、小松左京といった錚々たるＳＦ小説家や、「鉄腕アトム」「ドラえもん」「ガンダム」「攻殻機動隊」「ＡＫＩＲＡ」等、グローバルに影響を与え続けているマンガやアニメ作品が数知れない。

未来をカタチにしてプレゼンテーションすることが、本来的に得意なのだ。もし「アイデンティティをつくること」が「自分が行きたい未来をつくること」と言い換えられるなら、私たち日本人には非常に大きな可能性がある。

余談ではあるが、こんな話を耳にすることはないだろうか。

星新一は何十年も前にスマートフォンやYouTubeらしきものをすでに小説に書いている。まるで預言者のようだ。あるいは最先端の浮遊する乗り物は、手塚治虫がすでにマンガの未来都市の中に描いている。どうやってこんな未来を予測したのだろう、と。

ところが実際は、彼らは未来を予知したわけではない。彼らは極めて個人的に「こうしたい」と思う未来を描いただけである。

そして彼らの作品に影響を受けた子供たちが、大人になって大企業に入り、エンジニアとして「あの頃の未来」を形にしているだけなのだ。

私が定期的に読み返す本がふたつある。ひとつは『ドラえもん最新ひみつ道具大事典』。もうひとつは星新一の小説の挿絵作家として知られる真鍋博の『超発明』だ。子供の頃ももちろん楽しめたが、今見ると、本気ですべてのアイデアが世の中を変える起業アイデアに見えてくる。

未来を現在の延長だと受動的に捉えるのではなく、あなたの個人的な未来が能動的に先に描かれ、それに向かって現在が出来ているのだ。

「こんなこといいな できたらいいな」で始まるドラえもんのテーマソングは、実はアイデンティティのことを歌っているのではないか? もしあなたにしか思い描けない未来があるとしたら、それほど強いアイデンティティはない。

建築家が考えるアイデンティティ

Paolo Soleri "Arcosanti"

Archigram "Walking City"

自分しか知らない「シークレット」

自分にしか思い描けない未来なんてあるわけない……と悲観的に考えてしまった人もいるかもしれない。もう少しゆるく考えられるように、こんな事例を考えてみよう。

例えばあなたが「地球温暖化」という、この惑星が直面する大いなる課題に興味を持ったとしよう。その好奇心自体は称賛されるべき素晴らしいものなのだが、この課題は、あなたじゃなくても世界中すべての人に「見えている課題」である。もしあなたがこの課題の解決に取り組もうとしても、おびただしい数のライバルがいてうんざりとしてしまうかもしれない。中にはＮＡＳＡや高度な研究機関が莫大な予算をかけて、課題解決に向けて動いてることもあるだろう。これは先述の「みんなが登ろうとしている山」の話に近い。

今度は、もしあなたが不動産業界に就職をしたとして、数年働いている間に不動産業界ならではの商慣習に気づきはじめたとしよう。それは例えば、未だにファックスを活用していることなのか、各マンションの図面が紙でしか存在していないことなのか、他業界では当たり前に解決されていることで、不動産業界では未解決となっている問題を、ふとあなたが認識したとする。この課題は、先ほどの地球温暖化と比べると、一段とライバルの数が減るのがわかるだろうか。「自分ひとりだけ」気づいているということは難しいが、少なくとも世界の人口のうち、日本の不動産業界に携わっている人にしか見えない課題となった。

PayPalやOpenAIの共同創業者であり、世界で随一のスタートアップ投資家でもあるピーター・ティールは、投資先のベンチャーを決める際に「その事業アイデアに創業者のSecret（シークレット）はあるか？」という判断基準を頻繁に用いる。「シークレット」とは一体どのような意味なのだろうか。それは、スタートアップ市場における独自性と競争優位性の源泉であり、その特徴と定義は次のように分類される。

1. 独自性と差別化（Uniqueness and Differentiation）：スタートアップ企業が成功するためには、他社との差別化が不可欠である。この差別化は、ビジネスの要素、製品、サービス、またはアプローチにおいて明確な独自性を示すことを意味する。つまり、他の競合相手が簡単に模倣できない何か特別なものが必要である。

2.市場価値と需要の充足（Market Value and Addressable Demand）：「シークレット」は、市場における特定の価値や需要を充足するものと密接に結びついている。この秘密は、市場において未解決の課題や不足している要素に対処し、人々に新たな価値を提供する。

3.持続可能性（Sustainability）：「シークレット」は一時的なものではなく、持続可能であるべきである。すなわち、競合他社が模倣するのが難しい、または長期にわたって維持できる特性や戦略を持つ必要がある。持続可能な秘密はビジネスの長期的な成功に貢献する。

4.イノベーションと技術（Innovation and Technology）：「シークレット」はしばしばイノベーションと技術に関連している。これは、新しいアイデア、製品、サービス、または技術の開発を通じて、市場に新しい要素を持ち込むことを指す。このような技術的な秘密は、競争優位性を創出する助けとなる。

つまり自分にしかない「シークレット」を探求するということは、「（他人ではなく）自分がやらないといけない理由」を追求することに等しい。別の言葉を借りればパッションのことであり、自分だけが生涯情熱の炎を絶やさずに向き合えるテーマとも言える。

ピーター・ティールは、そんな自分だけの「シークレット」を発見するまでのプロセスも提示している。

1.自己分析（Self-Reflection）
2.市場調査（Market Research）
3.独自性の強調（Emphasizing Uniqueness）
4.アイデアの洗練（RefiningIdeas）
5.実行計画の策定（Developingan Execution Plan）
6.継続的な学習と適応（Continuous Learning and Adaptation）
7.実行（Execution）

自分しか知らない「シークレット」を見つけることは、自分のアイデンティティを探求する上で間違いなく大きな一歩だと考えている。なぜなら「自分がやらないと誰もやらないかもしれない」という使命感を伴うからだ。

また、自身の独自性や専門性を理解し、市場での需要や価値を考慮に入れ、それを何かしら

のアクションに結びつけることで、アイデンティティという自分軸に沿ったキャリアプランを築くことができるのだ。

こうして考えると、やはりピーター・ティールも、まず何かの分野の専門家になることを説いている。それこそ例えばある分野で１００人にひとりになること、なのかもしれない。

そしてそれ以上に大切なことは、一番最後の「実行」という項目だ。行動に移してこそ、他人から認識されるようになる。

実はこのスモールスタートという観点でも、デザイン思考の考え方は役立つのだ。どんなに小さくでもいいから、実行に移すことを心がけよう。

自分しか知らないシークレット

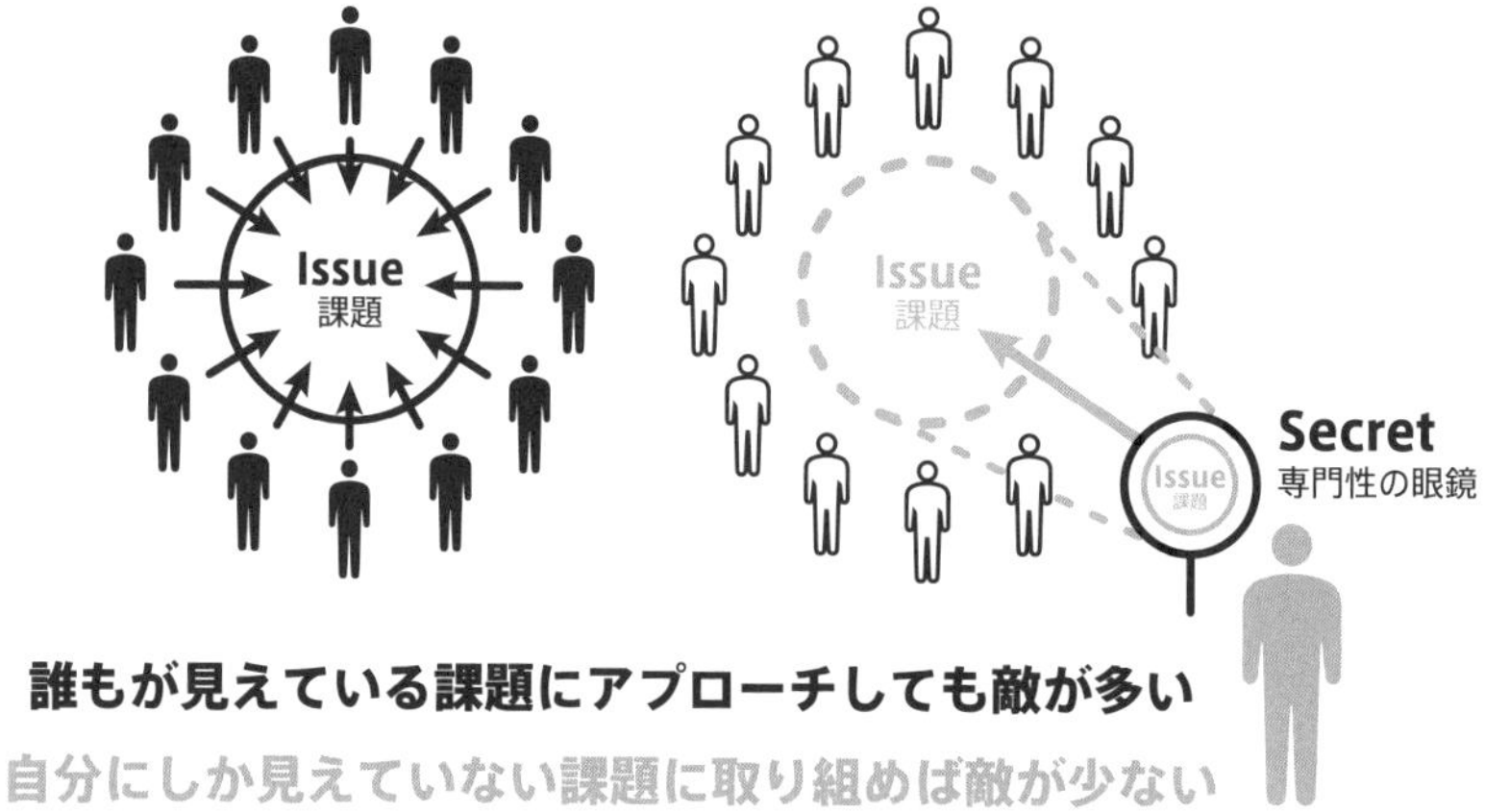

人生のプロトタイピング

ここまで議論してきた通り、アイデンティティというのは、自分にしか見えないシークレットを起点に望ましい未来へ向かう意思決定の連続であること、そして、その意思決定というのは「小さな行動」によって規定されていくことも見えてきた。

ところが第1章の定量的な目線で考えれば、「年齢とキャリア」を重ねれば重ねる程、家族や仕事上のポスト等の足枷が重たくなり、新たな一歩を踏み出せなくなってしまう。「ここまで積み重ねてきたんだからすごいことやらなきゃ恥ずかしい……」という妄想上の世間体が気になり出して、自分へのハードルを勝手に上げてしまっていることもあるだろう。

そこでオススメしたいのが「デザイン思考」だ。デザイン思考と聞くと、デザイナーやアントレプレナーのイノベーション創出法と捉える人も多いと思うが、もっと広く、もっと日常的に活用できる人生の思考のフレームワークなのである。このタイミングでデザイン思考と我々のアイデンティティ形成の関係性を見ていこう。

デザイン思考を実践するプロセスは次の6つのステップに分けることができる。

デザイン思考のプロセス

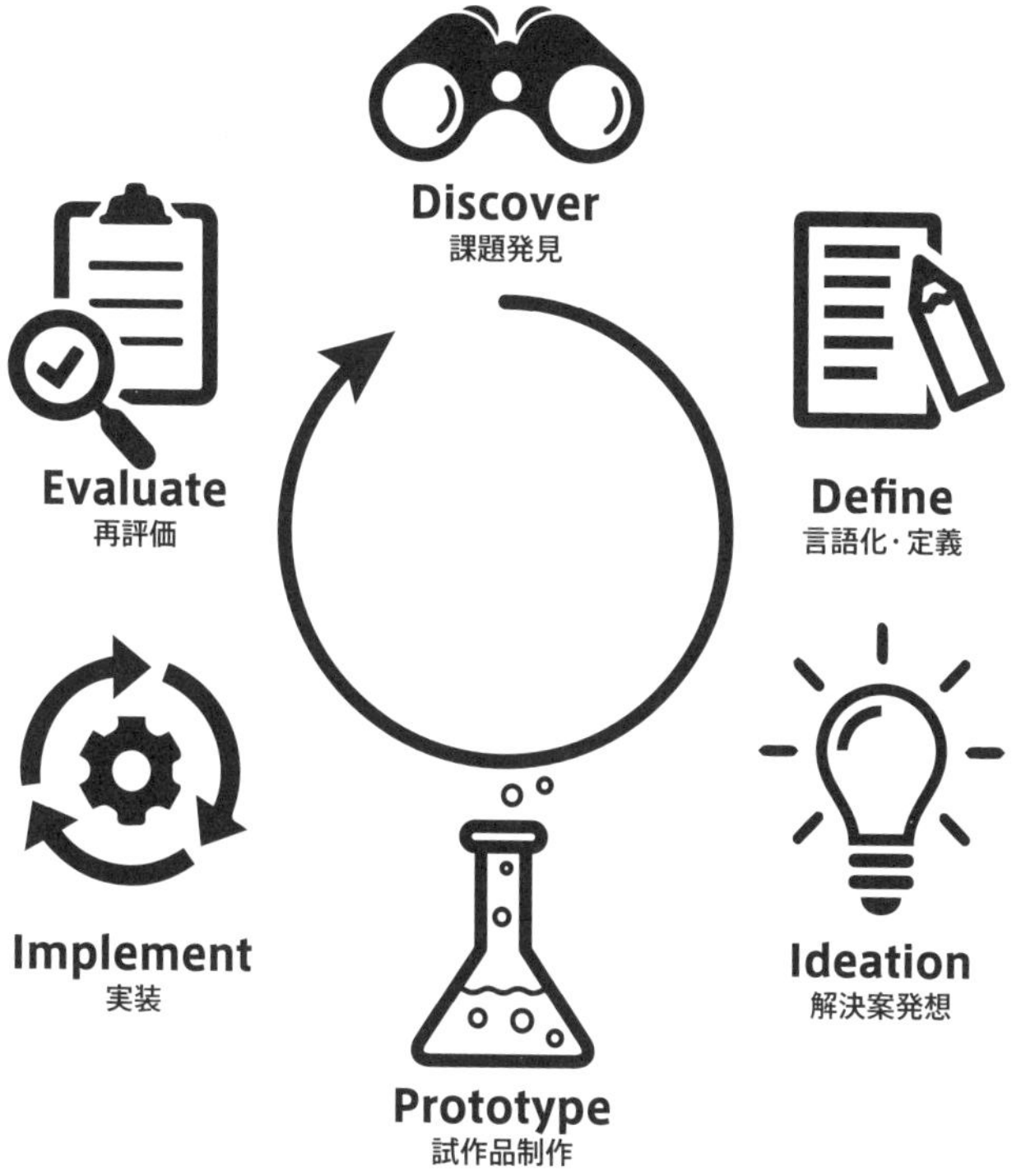

このプロセスを眺めていると、色々なデザイン用語に溢れ、さも、デザイナーの専門的スキルがなければ難しそうに見えてくるのだが、よくよく観察していると何かに似ていることに気づく。実はこれは私たちが普段の業務で日々実践しているPDCAに他ならないのだ。

「PDCAを回す」という言葉があるが、デザイン思考においてはそれを「プロトタイピング」という。高速プロトタイプなんて言葉を聞いたことがあるだろう。

すなわちデザイン思考とは「消費者が潜在的に感じている課題を発見し、それを解決するための仮説をPDCAを回して検証する」ことなのである。デザインとは問題解決であることを考えると、デザイン思考の目的とは、PDCAを回して「問い」の質を高めることで、結果的に「解としてのアイデア」の質を高めること。

ここで重要な役割を果たしているのが、文字通りプロトタイプ（試作品）である。ここでいうプロトタイプというのは、必ず手で触れられる実態としてカタチにする必要がある。一体なぜだろうか。

それは、

人は自分が潜在的に欲しいものを言語化することはできないが目の前に出されたものに「YES」か「NO」を言うことはできるからだ。

例えばまだこの世界にスマホがなく、パタパタとガラケーを使っていた頃を想像してみよう。仮にその時代に渋谷のハチ公前で女子高生何人かを集めて「どんなケータイが欲しいですか?」とオープンクエスチョンを投げかけたとする。

そこで「電話やメールの機能だけじゃなくて、インターネットに繋がって、もっと友だちと気軽に連絡が取れて、好きなアプリを好きなだけダウンロードしてカスタマイズできるような、小さいノートPCみたいなケータイが欲しい!」なんて神がかり的な答えを出してくれる人はほぼ確実にいない。

ところが、スマホらしき試作品を渡すことで、目の前で実際にイジってもらいながら「えー便利! もっとスワイプしたときのシュシュッと感をなめらかにしてくれたら買う!」というフィードバックであれば容易に得ることができる。

プロトタイピングの重要性

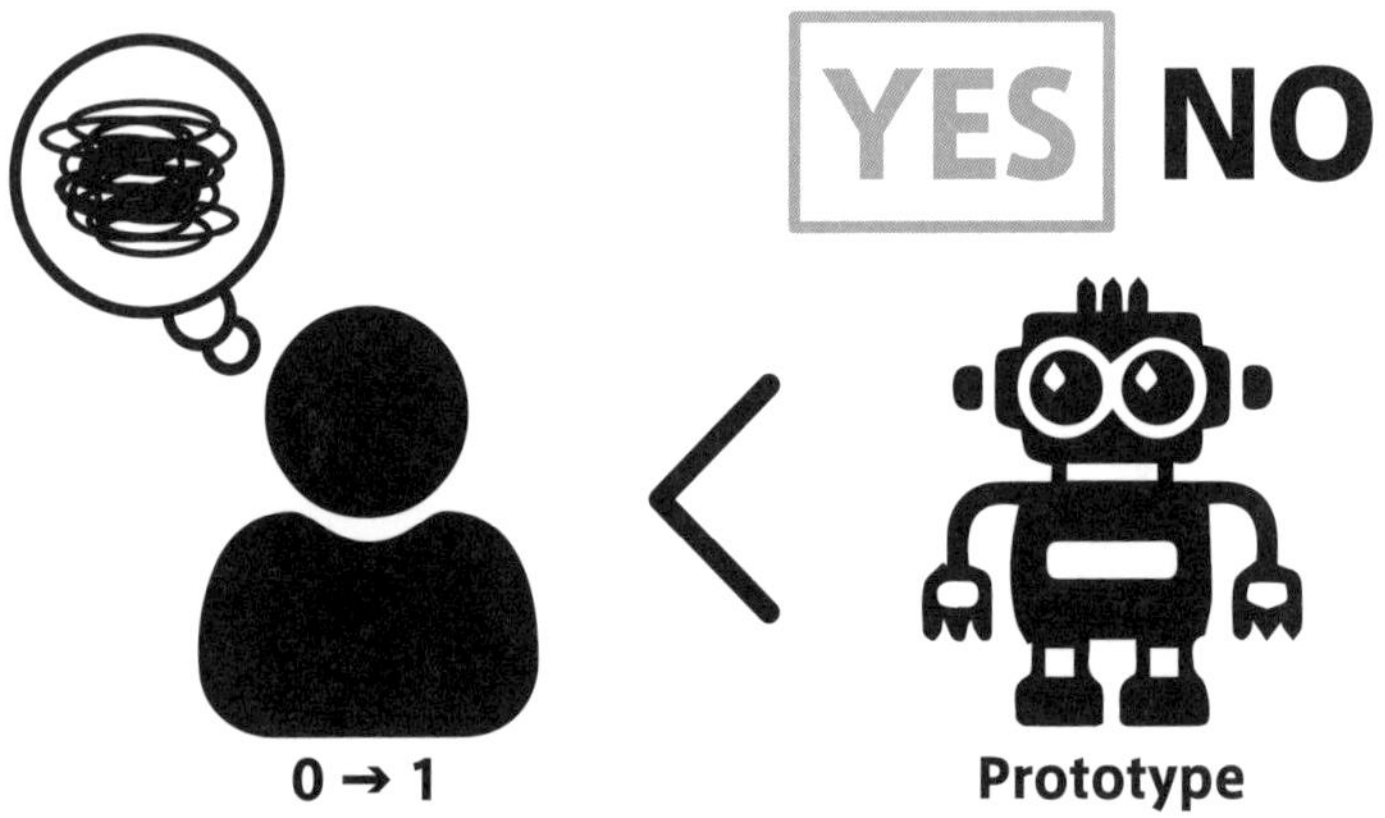

**人は自分が潜在的に欲しいものを言語化することはできないが
目の前に出されたものに「YES」か「NO」を言うことはできる**

それではこのデザイン思考が、一体なぜ人生の足枷を外すことが出来るのだろうか。

もし自分が今、「やりたいことは明確にはないが、現状には不満がある」とモヤモヤしているとき、友人と飲みながら「自分って何に向いてるかなー」とか「起業したいと思うんだけど何したらいいだろう……」なんて相談をしても、絶対にまともなフィードバックは返ってこない。「頑張れ」としか言えない。

ところが、例えば趣味である料理を今よりも少しだけ頑張って、友人向けに料理教室を始めたとする。会社を辞める必要なんてない。週末に自宅でこじんまりとスモールスタートする。するとどうだろうか。

「この教室めっちゃいいじゃん！　もっと早く始めたらよかったのに！」とか「私安く借りられる良い貸しキッチン知ってるよ！」とか「このアプリ使うと予約管理が簡単だよ！」と、途端に具体的なフィードバックをもらうことができる。

それを繰り返していくと、なんとなく周囲から「料理の人」という認識を持ってもらえるようになり、自分に新しい「ハッシュタグ」が追加されることに気づく。

これがアイデンティティの卵である。

同世代の友人がメディアでもてはやされているから、起業してEXITしたから、自分もいきなり同じ場所を目指してしまうかもしれない。ただ彼らも試行錯誤してそこまで辿りついたのである。

人生にも、事業づくりと同じように試作品が必要なのだ。

途中で目指すべき方向は変わってもいい（むしろ変わったほうがいい）ので、まずは仲間から具体的なフィードバックをもらえるような、手触り感のあるスモールスタートを切ろう。

「Purpose（パーパス）」とアイデンティティ

２０１７年５月末、米国ボストンの大雨の中で行われたハーバード大学の卒業式で、ゲストとして呼ばれたFacebookの創業者マーク・ザッカーバーグがスピーチで語った「Purpose（パーパス）」という言葉は、我々が考えるアイデンティティの定義に大いなる視座を与えてくれた。

そのスピーチの序盤に彼はこんなことを言っている。

The challenge for our generation is to create a world where everyone has a sense of purpose. One of my favorite stories is when JFK went to go visit the NASA space center,and he saw a janitor holding a broom and he asked him what he was doing and the janitor replied: “Mr. President, I'm helping put a man on the moon.”

私たちの世代の課題は、誰もがパーパス（目的意識）を持っている世界を作ることです。

私の好きなエピソードのひとつは、ジョン・F・ケネディがNASAの宇宙センターを見に行って、ほうきを持っている用務員を見て「あなたは何をしているのか」と聞いたところ、用務員がこう答えたんです。「大統領、私は人類が月面に立つのを手伝っています」

Purpose is that feeling that you are apart of something bigger than yourself, that you are needed, that you have something better ahead to work for. Purpose is what creates true happiness. And you're graduating at a time when this is especially important.

パーパスとは、あなたが自分自身よりも大きな何かの一部であると感じること、あなたが必要とされていると感じること、あなたが働く目的の先に何かより良いものがあると感じていることです。目的は真の幸福を生み出すものです。そして、あなたはこのことが特に重要なまさにこの時に卒業を迎えているのです。

マーク・ザッカーバーグは、我々がこの本の中で幾度となく語っている「自分にとって望ましい未来」の考え方をさらに高め、世界に対して大いなるインパクトをもたらすことの重要性、少なくともそのパーパス（目的意識）を持つことの重要性について述べている。

彼は世界中のすべての人が、「パーパス」を持つためには、

1．大きなプロジェクトという大変なことにチャレンジする。
2．すべての人に平等な機会が提供されるようにする。
3．地域コミュニティーと都市・国際コミュニティーを創出する。

という3つのアクションが重要だと語っていた。

我々は、彼が言う「パーパス（目的意識）」とは「アイデンティティ」のことであると考えている。そしてその目的意識は、自分ひとりで完結するものではなく、コミュニティや社会といった大きな集団の中で形成されていくということだ。

このスピーチ以降、世界中で「パーパス経営」という言葉が流行した。そのメッセージとして、マーク・ザッカーバーグの思想を抽象化し、ベン図の真ん中の結節点を考えるというフレームワークとして使われることが多い。

「好きなこと」と「得意なこと」は、これまで議論してきたハッシュタグのアプローチで導き出される。自分の情熱や専門性の軸から考えるのだ。

「稼げること」というのは、冒頭の〝Needs型〟に通ずることでもあり、周囲からどのように求められているか、を考えると見えてくる。

そして最後に「社会の需要」。これは友人や親というスモールコミュニティを超え、より社会に近い大きく多様なコミュニティの中でしか浮かび上がってこないのだ。

それでは最後の第3章において、この「コミュニティ」というものが、アイデンティティ形成とどのような関係性があるのかに焦点を当てていこうと思う。

自分を定義づけるパーパス

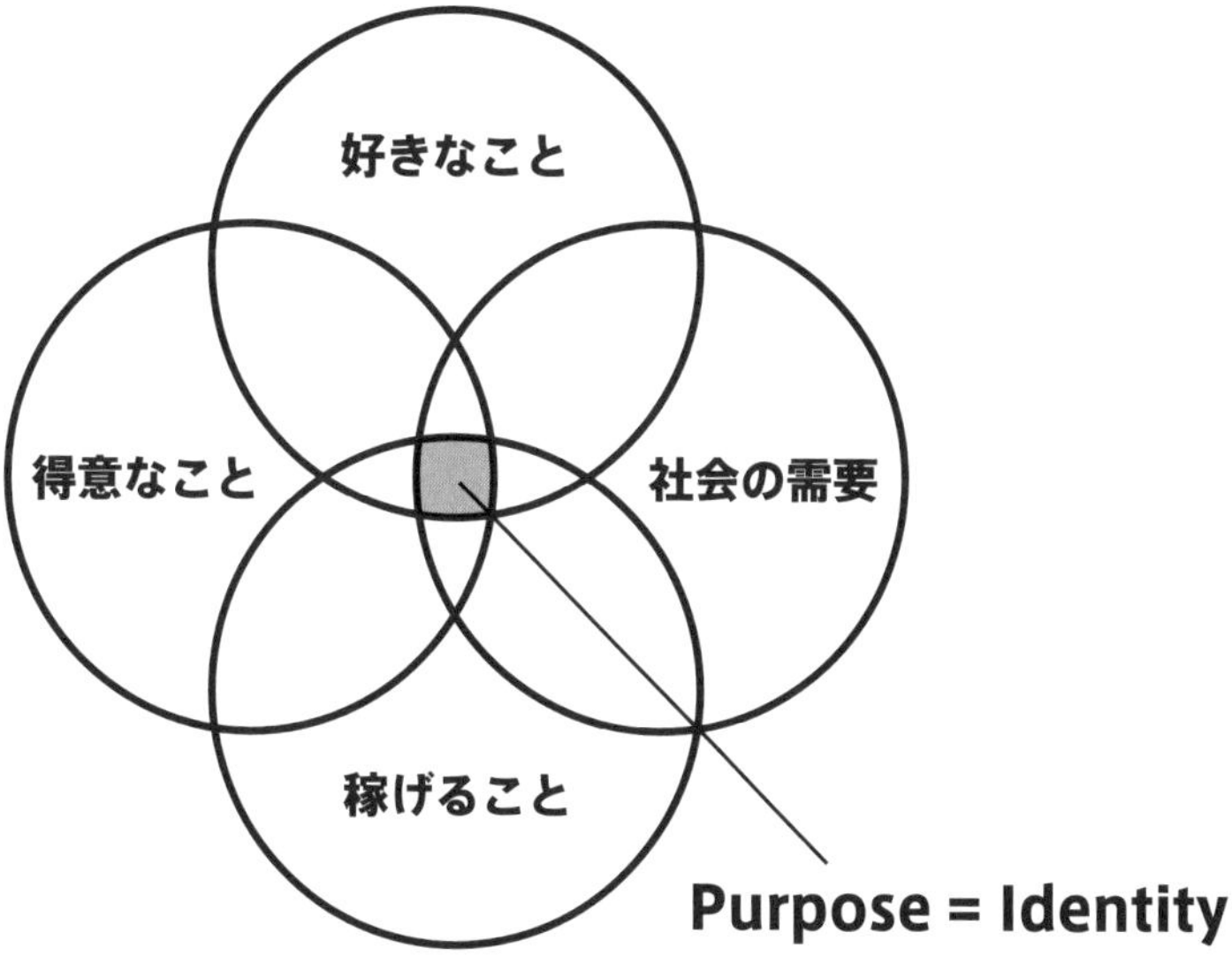

COLUMN

目的を「手段化」する

留学から帰国後、仲間を集めて『泊まれる茶室』をコンセプトに掲げたカプセルホテルの会社を創業した。2019年3月に無事オープンを迎え、幸いにも多数のメディアに取り上げていただいた。国内外問わず多くの宿泊客の方に恵まれ順調に売上を上げていた中、一年後に容赦なく襲い掛かってきたコロナウィルス。半年ほど休業しながら市況が戻るのを待ったが、月々のコストも考慮し2020年の12月末に残念ながら閉じることにした。

非常に辛い思いをしたが、悲しみに暮れているわけにもいかない。会社は残っているし投資をしていただいた株主の皆さんの期待もある。なんとかして会社をピボット（方向転換）させなければならない。そこで、以下のステップを踏んで新規事業を考えた。

①目的を「手段化」する
②新しい目的と手段を因数分解する
③因数同士を結びつける

①目的を「手段化」する

正直に話すと、創業時には大それたビジョンはなかった。「かっこいいホテルをつくりたい！」程度のものである。つまり当初はホテル自体が目的であった。そこでホテルを目的から手段に落としてみる。「ホテルをつくることで何を実現させたい？」と自分に問い直してみるのだ。

私のホテルは禅や茶室をコンセプトにしており、宿泊のお客さまにマインドフルネス瞑想のプログラムを提供するなど、都会の喧騒の中に「静かな時間」を創り出すことを目指していた。そこで、ホテルを通じて実現したい新たな目的は「自分と向き合う時間と空間をつくること」と再定義することができた。

②新しい目的と手段を因数分解する

ここでの因数分解というのは対象としているものの構成要素を列挙する作業だ。まず私がもともとやっていた「禅のホテル」という手段を因数分解してみる。「和風デザイン」「リノベーション」「現場オペレーション」「インバウンド」「東京観光」「禅」「茶道」等の要素が挙げられる。

続いて目的としての「自分と向き合う時間と空間を創ること」という言葉からイメージ

されるものを考える「ストレス低減」「マインドフルネス」「ウェルビーイング」「座禅」「瞑想」「QOL（Quality of Life）」といった要素が浮かび上がってきた。

③因数同士を結びつける

目的と手段の因数分解が終わったら、それぞれの要素がスムーズに結ばれるような事業を列挙する。例えば、

・外国人観光客向けに寺で行う座禅ワークショップ
・都会のオフィスに瞑想部屋をつくる特化型デザイン事務所
・ホテル運営会社向けの従業員のウェルビーイングを考慮したオペレーションコンサルなど、色々な方向を考え、最終的には「ストレスを定量化しマインドフルネスで解決する法人向けのヘルスケアサービス」へと行きついた。

この目的の「手段化」は、進路に悩むあらゆる人にとって、自らのアイデンティティの軸を維持したまま、納得感を持って新しい挑戦をする際に大きな武器となるだろう。

第2章

まとめ

- 出来るだけたくさんの「経験」に時間とお金の投資をしよう
- これまでの人生で情熱を注いだことを書き出してみよう
- これからの人生で「やらないこと」を決めよう
- 他人から自分が求められていることを考えよう
- 何かの分野で100人にひとりの専門家を目指そう
- 「未来はどうなるか」ではなく「未来をどうしたいか」を考えよう
- 自分にしか見えてないシークレットを探そう
- まずはスモールスタートしよう
- 仲間と共に社会へのインパクトを考えよう

“Everyone thinks of changing the world,
but no one thinks of changing himself.”

「誰もが世界を変えたいと思うが、
誰も自分自身を変えようとは思わない」

Leo Tolstoy
レオ・トルストイ

小説家 / 思想家

第3章

コミュニティの中の自分
～多様性の意義～

物差しの多様性が持つインパクト

第0章では、アイデンティティとは「自分にとって望ましい未来を目指して行う意思決定の連続」であると定義した。

第1章では、その意思決定をした先にある「なんとなく」の不安を、徹底的なリスクの定量化によってモヤモヤを晴らす訓練をした。

第2章では、そもそも自分は何をやりたい人間であるかを、デザイン思考のフレームワークによって自身のインサイトを抽出。行きたい未来の方向を探るアプローチを身につけた。

一見すると、ここまでに得たものだけでアイデンティティは問題なく形成されるように思われる。ところが実際は、まだ行動できない。

最初の一歩を踏み出す勇気を阻害するものはなんなのだろうか。我々はそれを「画一化した物差ししか持たないコミュニティ」のせいであると考えている。

例えば、ある大学生はラーメンがあまりにも好きすぎて、ラーメン屋になるという大いなる志を持った。数値化・定量化の技術によって、お店を出すことのリスクや稼ぎをしっかりと事前に分析。デザイン思考を使って、自分にしか出来ないユニークなラーメンのコンセプトも固まった。これはイケるかもしれない！　そこで意気揚々と両親に自分の「初めての決断」について相談してみた。するとこんな反応が返ってきた。

「なんのために大学に入れたと思ってるんだ」
「まずは数年でもいいから大企業で経験を積みなさい」

半泣きになった彼は、親には感謝しつつも、どうしても夢を諦めきれず大学の友人にも相談を試みた。すると、

「ラーメン屋って全然稼げなくない？　俺は商社目指すわ」
「婚活の時に大事なのは未だに3高（高身長、高収入、高学歴）だよ？」

という冷ややかなリアクションを受ける。彼は翌日リクルートスーツを買いに行った。

このエピソードの悲劇は、彼が属するコミュニティのあらゆる人が、「偏差値」「経歴」「年収」という画一化された指標でしか人生の良し悪しを判断できないということである。

そこには必然的に強烈な比較戦争が発生する。このコミュニティには、人生における「正解」ルートが暗黙の了解で存在しており、それをここでは「レール」と呼ぶ。彼にとってのコミュニティは親と大学しかないため、そのコミュニティが定義するレールから外れることは、そのコミュニティ自体から外れることに等しい。

それはつまり、人生における自分の居場所を失うことと同義であり、なんとしても避けたいことである。なぜなら人類は、集団の中でこそ生きられる社会的な動物であるからだ。

ところが、もし自分が所属するコミュニティの全ての人が、それぞれ固有の物差しの中で生きているとしたらどうだろう。

そんな理想的なコミュニティを探すのが難しい場合は、単純に異なる物差しを持った色々なコミュニティに、ちょっとずつ所属するのもいいかもしれない。

そこで出会う人たちは、これまで自分が周囲から押し付けられてきた画一的な評価指標を持つのではなく、1人ひとりが自分だけのユニークなKPI（Key Performance Indicator）を持っており、各々がその中での満点を目指して日々努力を重ねている世界だ。

ここでは、人と人とを比較することができない。なぜなら同じレールに乗っていないから。「みんなちがって、みんないい」のだ。

ある人は、年収など気にせず、仕事は9時17時で切り上げて、ひたすら筋肉と向き合うことに至高の悦びを感じていた。

トレーニングを記録するメモに几帳面にその日の種目を書き込み、自分を追い込み続ける。帰宅したら当然ブロッコリーと鶏むね肉を食べるのだが、他人から見ればエサのように見えるその食事も、本人には筋肉に栄養が行き届いている気がして最高に幸せを感じられている。

あるCMクリエイターは、如何にクリエイティブな仕事ができるかに人生のすべてをかけていた。どれだけ徹夜しても、髪がボサボサでも、日々の食事がデスクの上でのカップヌードル（シーフード）だったとしても構わない。見たこともないような究極の映像が撮れれば、最高に幸せを感じられる。

かつての同級生が、異なる業界で大金を稼ぎ、きれいなタワマンに住み、高級車を乗り回していたとしても、何も羨ましいと思わない。

多様性を内包したコミュニティに属することで、「こんな生き方をしても良かったのか！」というコペルニクス的発想の転回が毎日のように起こり、自分の価値観が揺さぶられていくような体験をする。そしていずれ、

「好きなことで生きていこう」

と、なんのプレッシャーも感じず、素直に想える日が来るかもしれない。自分は自分のＫＰＩを持てばいいのだ。

そう、それこそがアイデンティティが形成されはじめる瞬間なのである。

良質なコミュニティには、そんな絶大なパワーがある。

この章では、そのコミュニティの「多様性」とはどういうことか、じっくりと深掘りしていこうと思う。

画一化されたコミュニティ

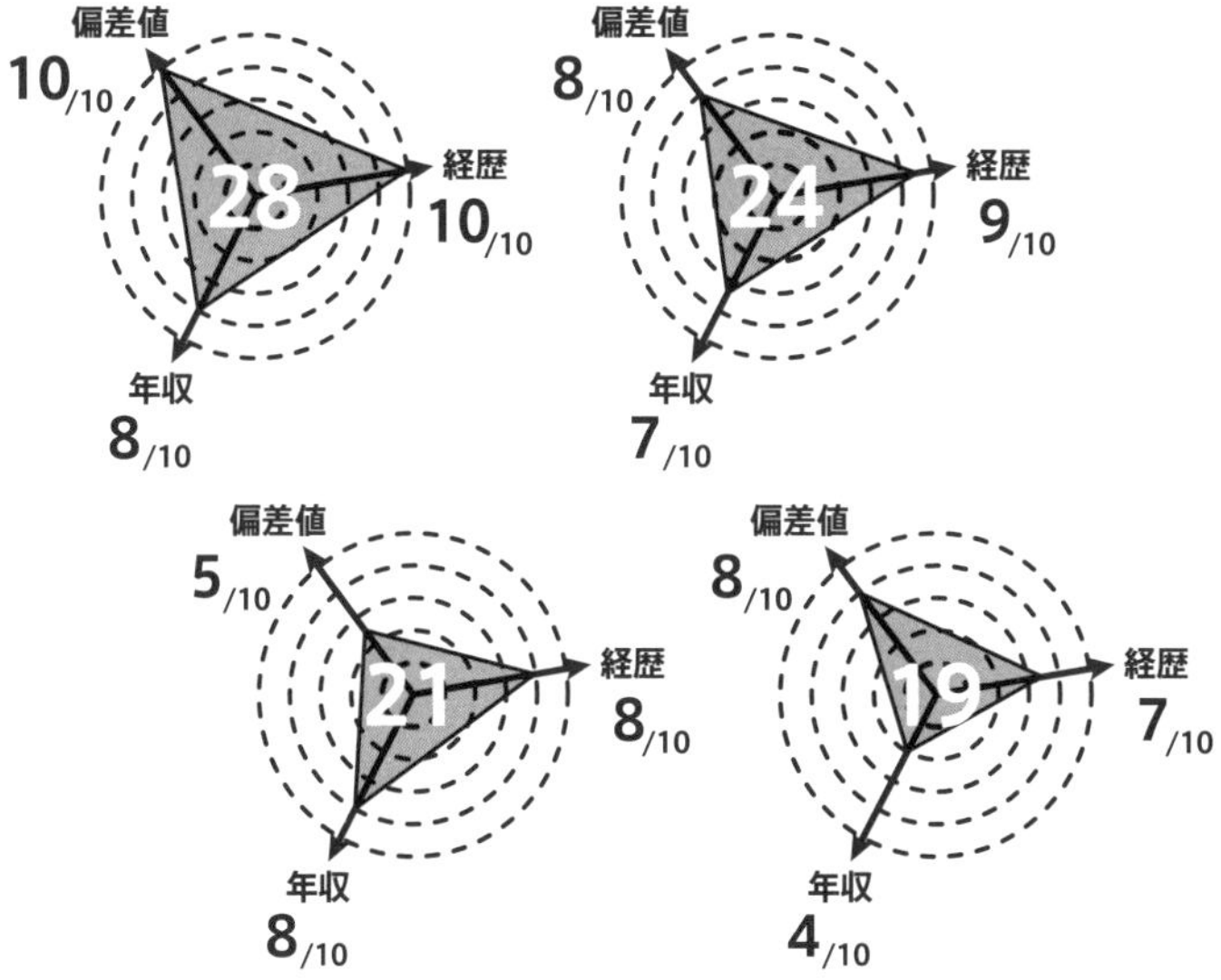

全員が同じ指標の中で比較される

多様なコミュニティ

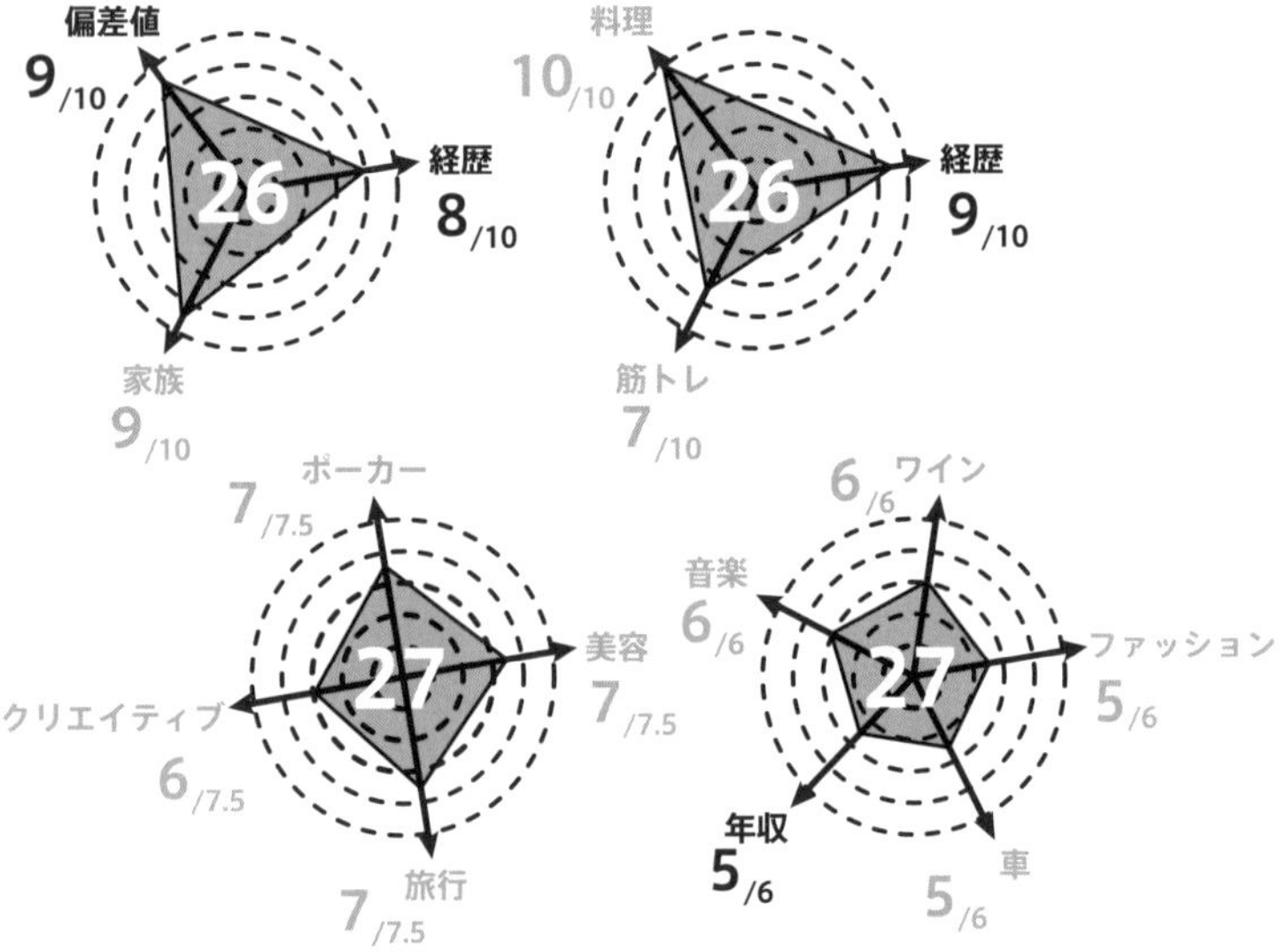

全員が固有の指標を持ち比較ができない

アイデンティティは相対的なものである

ひとつのコミュニティにだけ所属していると、そのコミュニティにおける自分の立ち位置がわかってくる。ライトに表現すれば「キャラ」のようなものだ。それは絶対的なもので「自分はこういう人間」という確立された性質のように思えてくる。

ところが勇気をふり絞っていくつかのコミュニティに所属してみると、自分のキャラそのものが流動的に変化していくことに気がつきはじめる。

「あれ、自分ってこんな人間だったか?」という疑問。アイデンティティという概念自体に違和感を持ち始める。

そもそもアイデンティティは、よく「どの国で生まれた」「どの国で育った」「どの会社で働いている」という文脈で語られることが多い。

「アメリカ生まれ、アメリカ育ちの日本人がいた場合、その人のアイデンティティはどちらの国により強く感じますか?」のような議論もその延長にある。あるいは身分証明のような意味合いを感じる人も多いだろう。これらの「生まれや育ち」「働いてる場所」などの情報は、当然急に変わることはないので、この文脈では絶対的に固定された情報のように思われる。

一方、我々が考えるアイデンティティとは、「自分は何者か」というもっと概念的なものだ。所属している国や団体ではなく「自信を持って語ることのできる自分の今の姿や未来の姿」ということ。こちらのアイデンティティも、「生まれた場所」のように絶対的に変わらないはずのもののように思えないだろうか?

よく「アイデンティティを確立する」という表現を耳にするだろう。一度出来あがってしまえば揺るがないもののように思える。

例えばAさんは、高校時代の経験から自分のことを「根暗で社交的ではない」と認識しているとしよう。ところが、まったく違う地域にある知り合いも少ない大学に進学して、一から友達づくりを始める中で、Aさんが突如「明るくて面白い」と人気者になることがある。しばらく会ってない友達と同窓会で再会して、その友人が急に垢ぬけていたと感じたことは、皆さんにも経験があるのではないだろうか。

これは、わずか半年や1年の間にAさんの本質的なキャラクターが変わったわけではない。

Ａさんの所属するコミュニティが変わり、周囲の中でのＡさんの見え方が変わっただけである。それに伴い、Ａさんの自己認識が変わり、周囲にも見える形で発露したというだけで、Ａさんは先天的に根暗でも社交性がないわけでもなかったのだ。

では周囲の友達の変化でＡさんの見え方が変化したとすれば、その新たな友達がさらに社交性がないということなのだろうか？

実はそういうこととも限らない。高校時代のような「限られたコミュニティ」の中では、「ある特定のトピック」を基に「社交性」が規定されることが多く、話すテーマが異なるコミュニティでは、それぞれの人の見え方も変わってくる。

例えば音楽好きが集まったコミュニティの中においては、音楽に興味のない人は必然的に口数が減り、見かけ上暗い人に見えてくる。でもその人が料理好きだった場合、料理教室ではやたらと「おしゃべり」になることがある。

すなわち、アイデンティティを形成する「比較優位感」、つまり「自己肯定感」は常に相対的なものであり、所属するコミュニティによって変化する。アイデンティティは相対的なものなのだ。

ひとつの均質なコミュニティに長く居続けると「持続可能なアイデンティティ」は形成しづらい。自分の集団の中でのイメージが固定化されていってしまうからだ。しかも、その集団の持つ、数少ない評価の物差しでアイデンティティが形成されてしまうので、異なる世界に出たときに自信を持ちにくく、自己喪失に陥りやすい。

地方出身で、中学、高校とずっと勉強ばかりしていた子が、東京の有名大学に入ると初期の段階でこの状態になりやすいのも、この現象の一部である。高校までは、この子のアイデンティティは「勉強が一番の子」だったからだ。大学で自分の「売り」が消えてしまったのだ。

ただ、この状態を避けるために勉強ばかりするなと言っているのではない。この子が高校までに培った勉強での結果は素晴らしいもので、誇りに思って良い。ここで言いたいのは、誰しもがいったん自信を無くす状態になるので、それを気にせず、再びゆっくりとアイデンティティを見つけていけば良いということだ。

話を再びコミュニティの話に戻そう。

「均質ではないコミュニティ」というと、実はなかなか日本の生活では難しい。日本は単一民族国家であり、ある程度の個人差はあるものの諸外国と比較すると、環境や考え方が基本的には似通った集団なのだ。しかも、受験など「偏差値」という単一の軸でフィルタリングされると、その中学や高校のコミュニティというのはかなり均質になる。均質なコミュニティは居心地がよい。みんな気の知れた仲間になってくるからというのもあるが、コミュニティの中で自分の立ち位置、つまりアイデンティティが時間と共に確立されるからだ。「面白い人」「運動ができる人」「おしゃれな人」のように。

前述のようにアイデンティティの喪失が起こるのはこういった均質なコミュニティから別のコミュニティに移ったときに生じる。大学への入学、新社会人、部署の移動、転職など。**コミュニティが変わったときに自分の相対的な位置づけがうまくいかず「自信喪失」というフェーズに入る。しかし、そういった環境の変化を避けることはできない。**だとすれば、どういったことに気をつければいいのだろうか?

アイデンティティの相対性

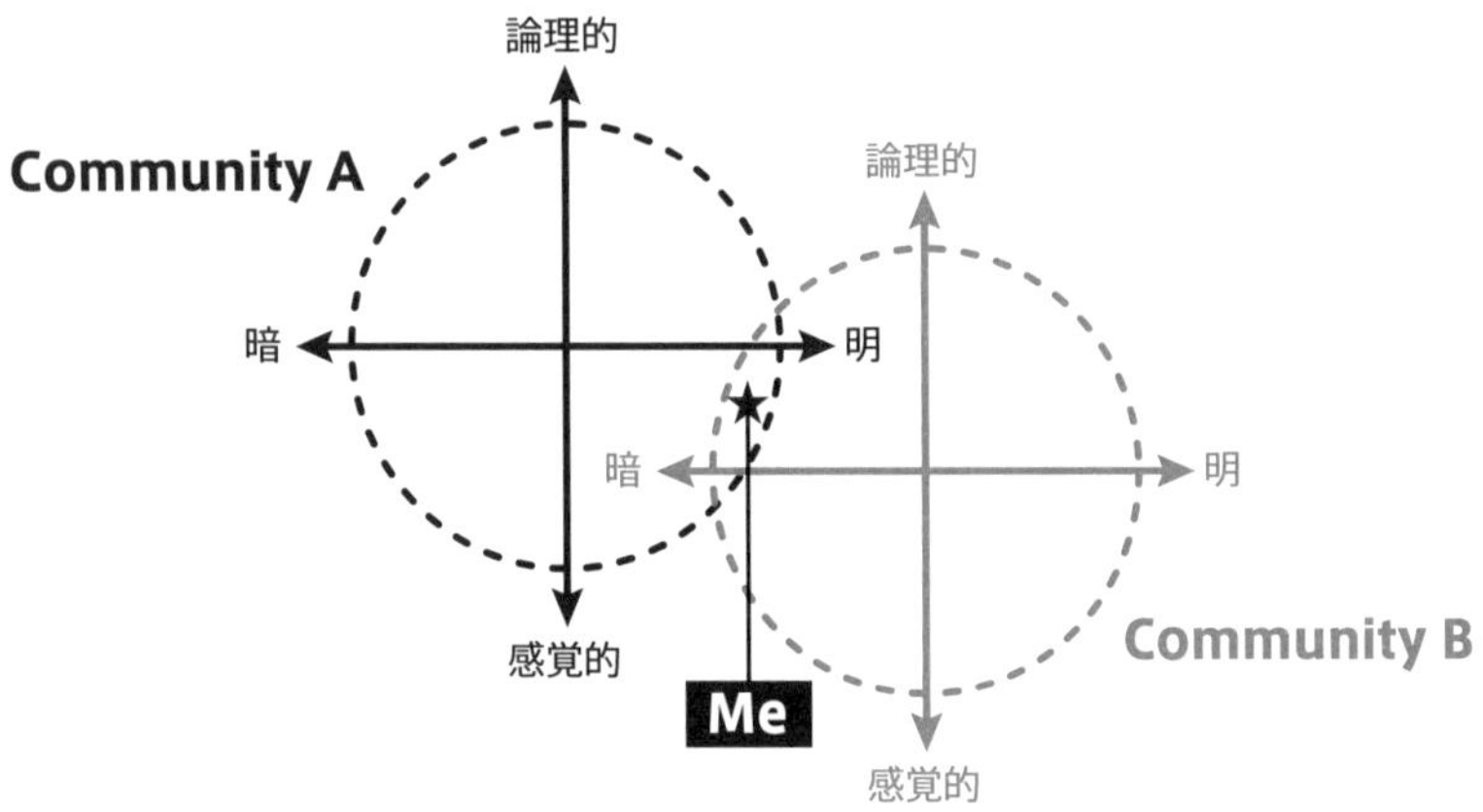

ある集団Aで「明るくて感覚的」と思われている人も
別の集団Bでは「暗くて論理的」な人と思われることがある

COLUMN

おもしろコミュニティ

私が影響を受けた組織に「ミネルバ大学」というのがある。今となっては有名かもしれないが、私が知った2018年時点ではマイナーな存在だった。大学とついてはいるが、元々ベンチャーキャピタル出資のもとにつくられた、実践を意識したおもしろコミュニティという表現が近い。

校舎は持たずに、学生は世界7か国を4年間の間に移動しながら授業を受ける。移動先では全寮制で徹底的なオフラインコミュニティ主義かと思いきや授業は全部オンライン。異質なメンバーが世界を転々としながら、各地域でのボランティアなどの社会活動に関わることが必須となっている。本書でいうまさに良質なコミュニティであり、自分がアイデンティティ・アカデミーをつくりたいと思ったきっかけともいえる。

社会に貢献するための大学機関として「学びの意味」を再構築している面白いコミュニティだ。大学と社会の融合が叫ばれている時代だが、そもそも「学」とか「民」とか分けて述べている点でおかしいのかもしれない。

自己マッピングとダイバーシティ

コミュニティの中での「自分は何者か」探しのプロセスを、我々は「自己マッピング」と呼んでいる。コミュニティの中での自分の位置づけを認識する作業だ。

バラバラなキャラクター50人で構成されるコミュニティがあったとしよう。その中で半年〜1年と一定期間を過ごしていくと、「自分は比較的友達に相談される」「比較的遅刻が少ない」「比較的会合の仕切りをすることが多い」等々、自分の相対的な役割や特性が見えてくる。

この相対性を自覚する作業を「自己マッピング」と呼び、アイデンティティづくりでは重要なプロセスとなる。

もしコミュニティのメンバー全員が、同じタイプの人間だけの場合、自分が社会の縮図の中でどの位置づけなのかは見えにくい。全員似たタイプなので、数少ない評価指標の中での優劣の関係だけになってしまう。

第3章の冒頭のレーダーチャートでも触れた通り、アイデンティティ形成のプロセスの中では、評価軸は多様であればあるほどよい。

「料理が得意」「アニメが大好き」「5か国で暮らしていた」「ジャズバンドでトランペットを吹いている」というふうに、コミュニティに属するメンバーの個性は、多様であればあるほど、自分の個性が保証され、自分が何者かが見えてくる。

様々な分野（指標）でのオンリーワンに触れることで、自分の趣味趣向や個性の相対的な位置づけがクリアになるのだ。これが巷でいう「ダイバーシティ」である。

その意味において、私は現状メディアで日々目にする「ダイバーシティ」という言葉が好きではない。それは言葉のみが先行して、男女比率や人種比率など、わかりやすい切り口での数字合わせのように捉えている風潮があるからだ。

「ダイバーシティの観点から組織にもっと女性を増やそう」とか「このコンテストの審査員にアジア人がいないではないか」というのは、その言葉だけでは多様性の本質が見えにくい。

ダイバーシティというのは「同じ組織の中に様々な種類のひとを包含しよう」というデータ上の事実が本質ではない。

「組織の中のメンバーがもっとも効率的に働けて、組織としてベストパフォーマンスを出すために必要な要素」がダイバーシティであり、だからこそ重要なのだ。

例えばサッカーチームを考えたときに、フォワードの能力が高い人だけを11人集めても試合には勝てないだろう。足の速い人、ボールキープ力の高い人、高さに強い人など、様々な能力を集めて戦略を組むことで強いチームとなる。

会社や組織もそうである。似たもの同士を集めると、評価軸が同じなので、自己肯定感が強い一部の人たちと自己肯定感が弱い人たちとの二極化が進む。

当たり前の話だが、仕事のパフォーマンスと自己肯定感は高い相関があり、その組織全体としてはベストパフォーマンスは出しにくい。様々な考え方や能力が散らばっているからこそ、全員にとって効率的な自己マッピングが行われ、組織の中で「オンリーワンとしての自分」というものを認識することができ、自分のすべきことや特性が活かせるエリアが明確になる。

私は生い立ちにおいてある意味、均質なコミュニティに所属していることが多かったと思うが、就職した環境が実に異質だった。

米国が本社の会社なので自ずと日本人以外の人種は一定数いるのだが、その中でも自分が所属していた「トレーディング部門」というのは専門性が強い舞台で、社交性は高くないけれど高い専門能力を有しているメンバーが多かった。
「話はあまり聞かないけれど分析能力が高い人」「ずっとミーティング中も絵を描いているが忖度なく本質を突いた意見をガンガン言う人」など、人種のみならず多様なメンバーで、休日も一緒に過ごすような仲良しグループではなかったが「自己マッピング」は非常にやりやすく、自分と同じタイプの人間もいなかった。

効率的に「自己マッピング」ができる組織やコミュニティというのは個人だけでなく、組織にとっても非常に大切になる。これを聞くと「さあ異質な人間の中に飛び込むぞ」とか「我が社でも多様な人間をたくさん取るぞ」と思うかもしれないが、実はそれほど簡単な事ではない。人間は元来、異質な存在には共感を覚えず、嫌悪感すら感じる生き物だからだ。

それでは「自己マッピング」に適した「多様性に富んだコミュニティの条件」とはどういったものかをもう少し掘り下げていきたい。

自己マッピング

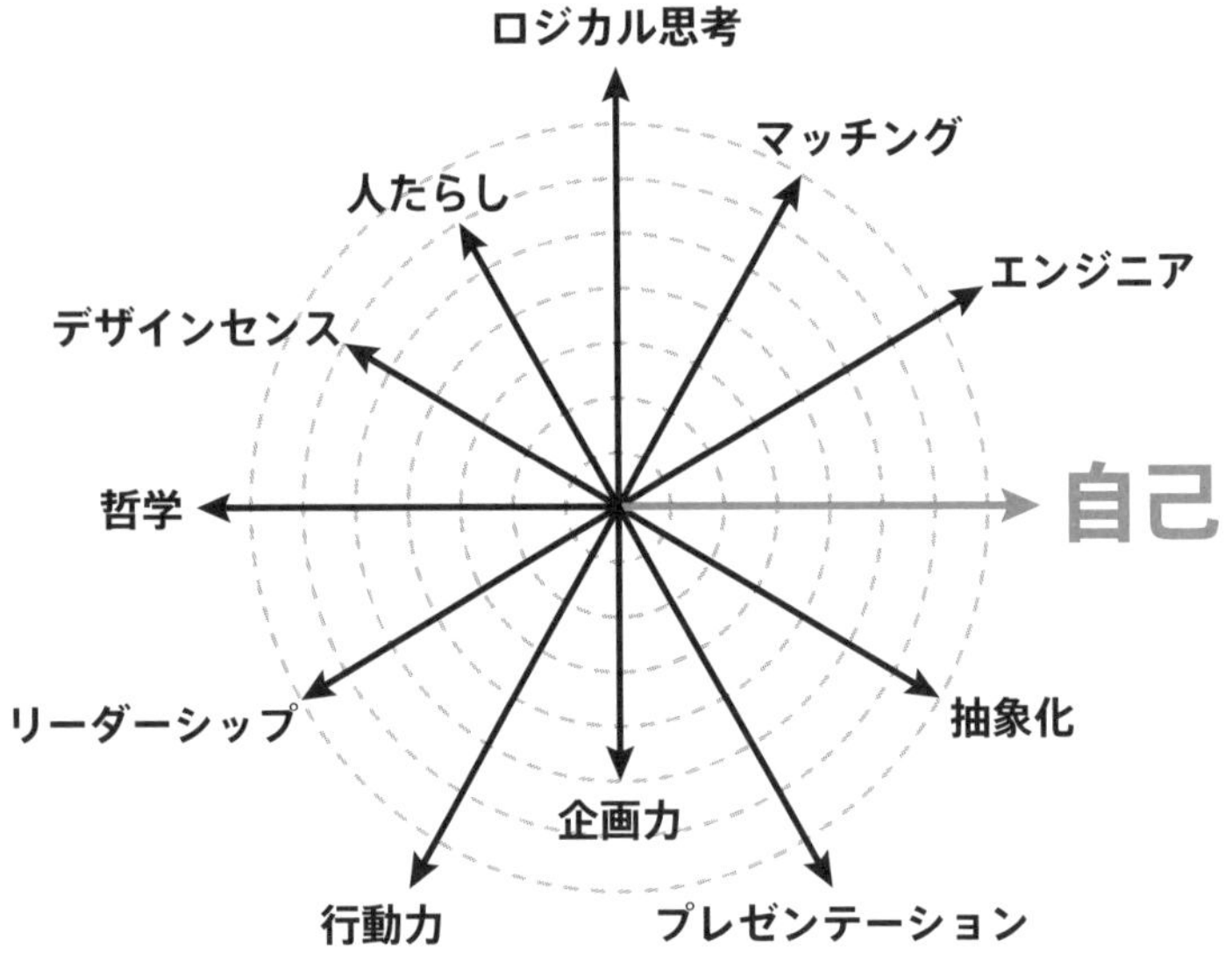

その集団の中で自分がオンリーワンになる分野は？

良質なコミュニティの形成条件

多様性に富んだコミュニティで「自己マッピング」をする。とは、言うは易しで実際には大変である。人間は元来、共感を覚える人と一緒にいることに居心地の良さを感じるので、自分とはタイプの違う人間といきなり友達になろうとしても、実際には成立しにくい。

例えば、様々な人が集まっているビジネスセミナーに足を運んでも、知らない50～100人の人たちに囲まれ、自己紹介をして連絡先を交換する程度の薄い接点はできるが、自己開示が可能なレベルのコミュニティ形成までには決して至らない。それは何回通っても同じ結果が待っている。自己マッピングが出来るような良質なコミュニティは、それを目的に自らアクセスしようしても意図的に見つかるものではないのだ。

実は良質なコミュニティにいくつかの発生条件があるのだ。

①共通の目的と共通の敵

良質なコミュニティの初期段階では「共通の目的」か「共通の敵」が存在すると始まりやすい。野球同好会、フットサルの社会人チーム、ママさんバレー、いずれの場合も競技を通して「勝つ」という共通ゴールがあるので、コミュニティの一体感は生まれやすい。人間性の好き嫌いというものに依存せずしてコミュニティが持続可能だからだ。

予備校などの塾も、ときとしてそうなり得るのだが、特に同じ志望校で限られた枠を取り合う場合には共通の目的とはならない場合も多く、双方にライバル意識が生まれ距離は近づかない。

会社はどうだろうか？

例えば管理職のご経験がある方の中には「私も『売上向上』という共通目標を持って10人ぐらいの部署をマネジメントしてるんですけど、正直あまり熱量の高いコミュニティにならないんですよね……」と思う人もいるかもしれない。

そこで疑うべきは、果たして本当にそのメンバーは同じ「目標」を持って働いているのだろうか？　という点だ。

「売上を伸ばせと言ううるさい会社だな〜」と思いながら、1カ月の作業の対価として、給料をもらうことだけを目的にしている状態になってはいないだろうか？

もしそうだとすると、このチームは「同じゴール」を目指しているとは言い難い。実際、会社という組織の多くはこのような状況にある場合も少なくないのだが、そこは今は掘り下げない。

先ほどのビジネスセミナーの事例で良いコミュニティが形成されないのも同様の理由で、仮にあなた自身は「仲良くなりたい」という目的があったとしても、他のメンバーはあなたと違う意図をもって参加している場合（例えば「有名な人と繋がりたい」「商品を売り込みたい」等）もある。その場合、共通の目的がないので、良質なコミュニティとはならない。

良質なコミュニティの初期段階においては、そこに参加するメンバーが（見かけだけではない）真の目的や敵を共有できるかどうかが重要となる。

共通の目的と共通の敵

同じ方向を見ることで一体感が生まれる

②情熱×時間

みんなで週に1回サクッと練習して、秋のサッカー大会でまずは1勝だけを目指しているチームと、週に3回がっつり練習して本気で優勝しようと思っているチームでは、どちらが良質なコミュニティを形成しやすいだろうか？　答えは当然、後者だ。

コミュニティには一種の加熱時間が必要不可欠だ。「加熱時間の長さ」と「加熱温度の高さ」のどちらが重要なのかと言われれば、どちらでもあり得る。要は注いだ情熱量の積算値にあるのだが、その積算値が同じ場合は時間軸が短いほうが良質になることが多い。1カ月に1回の集まりで10年間継続する組織よりも、2週間毎日連続で合宿をしたコミュニティのほうが質は高くなる。

共通の目的（か敵）があるコミュニティでは、一定期間かなり集中的に一緒に活動することで良質なコミュニティへと変遷しやすい。これは先述した、異質な人に対しての違和感が急速に消えていくことが作用している。チーム組成の初期段階では、自分と価値観が合わない異分子に対して「なんでこの人はこんな発言をするのだろう」とか「自分とはまったく相容れないなぁ」という、謂わば嫌悪感にも近い感情が生まれてくる。共感が少ない者同士なので当たり前である。

これが共通の難しい課題などに向かって一緒に活動を続けると、その感情があるときにすっと消えていく。それは、課題を少しでも効率的に、より良く解決したいというゴールがあるため、自分以外のメンバーの手やアイデアが互いに大切なものに思えてくるからだ。しかも、コミュニティの熱量が高い状態であれば、様々な白熱する議論をしている間に、最初に抱いていた「相手に対する冷めた感情」も忘れてしまう。この段階に入ると、コミュニティは劇的に変化していく。

お互いが違うということを、お互いに口に出せるようになり「異なるものは異なるもの」として許容できる。異質であることを許容できると、相手に対しての見方が変わる。「変わった人だな」から「どうしてこんな面白い人になったんだろう」と相手への興味が一気に加速する状態に入る。なぜならメンバーを見る目が「加点方式」になっているからだ。この「相手への興味」こそが良質なコミュニティ形成への必要不可欠なピースとなる。

そして相手への興味はいつしか「好意」へと変化し、抽象度の高い共感すら感じ始める。例

コミュニティの成熟度

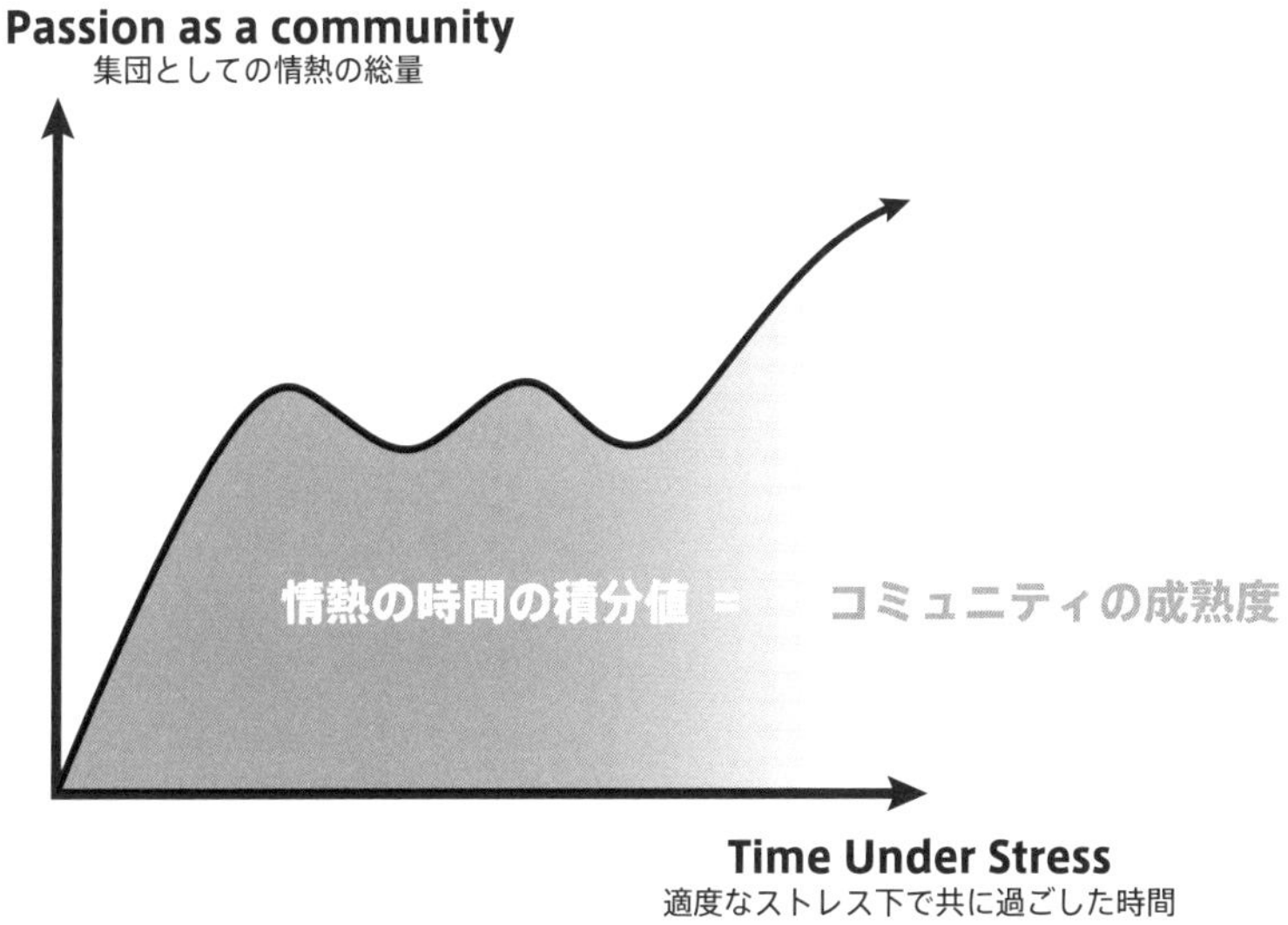

難しい課題などの適度なストレスを与えられた集団において
共に燃やした情熱の時間の積分値が良いコミュニティを創る

えば「この人も子供時代はきっと大変だったんだ」といったように。

良質なコミュニティとは、異質な人の集まりであることは確かに重要だ。しかしながら、初期段階は非常に不安定な状態にある。お互いが牽制し合い「減点方式」でジャッジしているからだ。だからこそ指導者や上司やコミュニティリーダーが、その組織に共通の強い課題を設定して、熱量を加え続けることが必要となる。

熱量の総和は大きければ大きいほどいい。注意しなければいけないのは、結果を強要するのでなく、結束した熱量だけにフォーカスすることだ。結果だけに執着して手入れを行うと、また熱量は冷めて、均質なコミュニティに変貌しようとする。

③信頼と持続可能なリスペクト

良質なコミュニティができあがると「自己マッピング」は容易だ。違うものを違うものとして受け入れることができ、その多様性の素晴らしさを実感することができるようになる。

自己マッピングをする前に、まずは他人をマッピングする作業から始まる。

Aさんは口数は少ないけど、人の意見を集約するのが得意だ。Bさんは思い付きで発言して一瞬まとまりを乱す要因になり得るが、決めたことに対する行動力はピカイチだ。というふうに、興味のある異質な人に対してのポジティブなマッピングをしていく。そのマッピングは「料理がうまい」とか「文章力が素晴らしい」とか思いつく要素はなんでもよい。ポジティブな要素が自分の中で見つけられなければ、無理にその人をマッピングする必要はない。

そうして、10人、20人のメンバーをマッピングしたあとに、自分をその地図の中に点で描き入れるのだ。自分はどういうタイプだと考えると難しく感じるが、たくさんの他人をマッピングした後だと「自己マッピング」は難しくない。

たくさんの評価軸があるので自分の軸を加えることへの躊躇はなくなるし、多様な相手と自分を比べる中で自分の良さも認識しやすい。このように大きな個性の地図の中で「自分が何者なのか」が見えてくる。

それでも「自己マッピング」が難しく感じる場合、信頼できるメンバーから自分への評価を聞いてみるのもいい。悪いことも含めてすべてを本音で話してくれるメンバーがコミュニティに複数いるならば、そのフィードバックを聞いてみるといい。そのような補助輪付きの自己マッピングも、初めのうちはまったく問題ない。

他人からのフィードバックによって、無理に自分像を変える必要はないが、「自己マッピング」と「他人からのマッピング」にズレが少なくなってくると、主観と客観の行き来はほぼゴールに到達する。良質なコミュニティが一度形成されると、それは持続可能なものになる。

1年経とうと2年経とうと、久しぶりに会うと違和感なくそのコミュニティは盛り上がる。時間の経過とともにメンバーを取り巻く環境も考え方も変化しているのに、不思議と許容できる。その人やコミュニティに対して異質を前提としたリスペクトがあるから、変化しても気にならないのだ。

この持続可能なリスペクトが生まれた状態で、そのコミュニティの中で定期的に「自己マッピング」してみるのも面白い。時が経つにつれて評価する軸はさらに増え、軸の縮尺がどんどん大きくなっていることに気づく。

これが、いわゆる視座が高まるという状態だ。視座が高まるというのは意図的に高めようとするのではなく、コミュニティの軸が多様になり、スケールが大きくなることで、自然と身近でない世界が身近に変わり、その中で自分をマッピングしていくうちに、現実的ではないと思えた夢が意外に現実的なものになるという現象だ。

一部の特定のコミュニティから偉人や起業家が続出するのは、ある特定の期間の中でこの現象のエコシステムができているからだ。シリコンバレーの「ティールマフィア」とか「元○○社出身」みたいなコミュニティがそれに相当する。そして、このようなコミュニティに属していると、ポジティブで心地よいプレッシャーがかかる。

「あいつも頑張っているから自分も頑張ろう」という自分をモチベートするものだったり、「このクオリティではあいつらに恥ずかしくて見せられない。もっと良いものにしよう」と自分のお尻を叩いてくれるもの。**そのコミュニティにいるという「誇り」のようなものが、自分の意識と行動を変えてくれるのだ。**

あくまで忘れてはいけないのが、「成功したい人」が集まったコミュニティが原点ではないことだ。個性あふれた異質なメンバーたちが、一定の熱量を帯びて活動する中で生じた偶然とも必然とも言えるコミュニティなのだ。

それは一朝一夕にできるものではない。

良質なコミュニティがさらに磨かれて、ブランド力の高い、唯一無二のコミュニティがそこに生まれる。

多様性とイノベーション

ハーバード・デザインスクールの場合

ハーバード・デザインスクールは、通称〝ＧＳＤ（Graduate School of Design）〟と呼ばれ、建築を主としたデザイン（設計）を学ぶ専門大学院である。１９３６年に現在の学部構成に統合され正式に設立されたＧＳＤは、プリツカー賞受賞者（フィリップ・ジョンソン、フランク・ゲーリー、槇文彦、トム・メイン、Ｉ.Ｍ.ペイ）を多数輩出しており、現在も世界中の巨匠建築家が教鞭を揮うためにボストンの地を訪れている。

私が学部３年生のとき、憧れの建築家であったレム・コールハースがハーバード大学で授業を受け持っていることを知り、すぐにＧＳＤの学部長にメールでアポを取ってコールミーティングする機会をもらった。私からの質問はシンプルに「ＧＳＤはどのような学生を合格させていますか？」というもの。謂わば合格基準を聞いたのだ。日本の大学と違って、試験の点数だけで合否を決めるわけではないため、それ以外のどの要素を重要視しているかを尋ねた。

するとと学部長からは「学部で建築を勉強していない人を優先的に合格させている」という意外な答えが返ってきたのだ。頭の中は「？？？」である。通常は、学部で勉強したことを、より深めるために大学院に行くからだ。

「なぜですか？」とさらに聞くと、「例えば、数学でトップの人、音楽でトップの人、生物学でトップの人を入れたほうが、面白い建築が生まれてきそうじゃない？」と言うのだ。

建築のことを知らないということは「建築とはこうあるべき」という先入観がないということ。そんなまっさらで、かつ各分野のトップの才能が集まれば、確かに建築にイノベーションを起こしてくれそうな予感がする。

当時、広告の分野にも興味があった私は、「残念ながら今私は学部で建築を勉強しているが、一度社会で広告のプロフェッショナルになってから受験しようと思う」と述べ電話を切った（その電話から5年後、広告代理店でみっちりと働いた後に、ありがたいことに合格することができた）。

ＭＩＴメディアラボの場合

ＭＩＴメディアラボは、米国マサチューセッツ工科大学（ＭＩＴ）内に設置された研究所で、専門性の垣根を超えた学際的な研究に焦点を当てている。

先端テクノロジーに直接関わる研究ではなく、その技術のイノベーティブな応用や、メディアアートなどの斬新な見せ方による統合分野を開拓している。

この組織が面白い点は、研究室（ラボ）を専門領域で分けるのではなく、ビジョンで分けていること。

例えば通常の大学であれば、〇〇大学→理工学部→建築学科→都市計画研究室、というように専門分野を絞っていくことで研究室をつくっている。当たり前ではあるが、研究室のメンバーはみな同じ分野の研究をしており、スキルセットとしても極めて同質なコミュニティである。

一方、ＭＩＴメディアラボは、例えば『tangible media（触れることができるメディア）』や『lifelong kindergarten（生涯続く幼稚園）』のように、知的好奇心を猛烈にそそられるものの、一見何をしているのかわからないようなテーマの研究室がたくさんある。その研究室には、その大いなるテーマに共感したトップレベルの学生たちが、色んな分野から集まってくる。

同じ専門性を持った人たちが少なく、スキル、人種、性別や宗教、あらゆる点で多様なプロフェッショナルが、同じビジョンのもと切磋琢磨している。

互いに持っているスキルセットは異なるものの同じビジョンを共有しているため、どうすれば各々の才能や知識が最大化され、ゴールに近づけるかを考えるようになる。結果として型にはまらないイノベーションが発生しやすい環境になっているのだ。

ハーバード・デザイン大学院

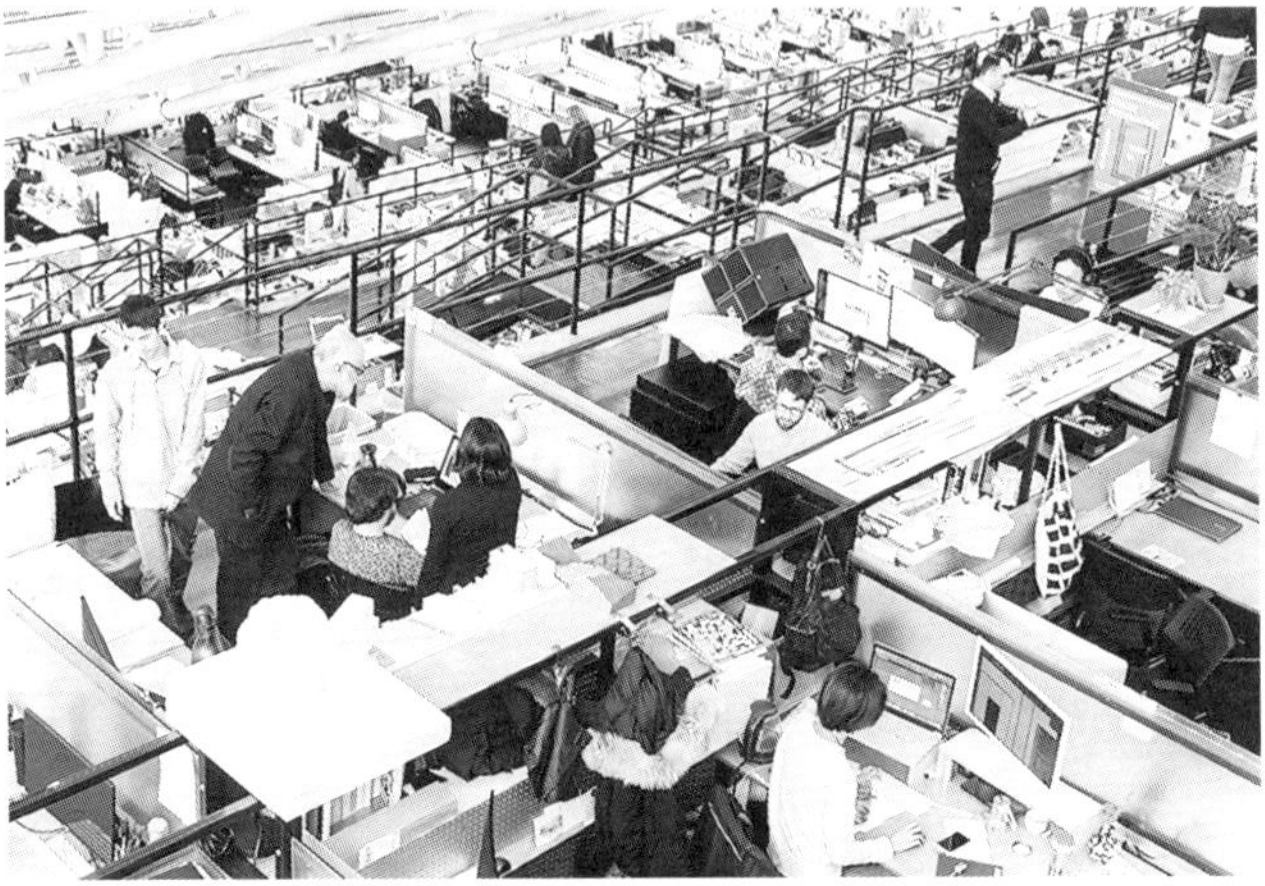

MIT Media Lab

Oulipo（ウリポ）の場合

Oulipoとは1960年に数学者のフランソワ・ル・リヨネー（François Le Lionnais）を中心として設立された文学サロンのようなグループである。正式には〝Ouvroir de Littérature Potentielle〟という仏語の略で「潜在的文学の開拓者」といった意味を持っている。アルフレッド・ジャリ、レーモン・クノー、レーモン・ルーセルらが掲げる文学を理想とし、言葉遊び的な技法の開発を通して「まったく新しい文学の可能性」という共通のビジョンを持った集団だ。

興味深いのは文学を志す集団でありながら、構成するメンバーが数学者からチェスプレーヤーまで多岐に渡っていること。彼らは、文学でないものの中に文学性を見出し、実際の文学のアイデアにまで落とし込もうとしていた。

実験的小説家レーモン・クノーと数学者フランソワ・ル・リヨネーの作品を見てみよう。〝Cent Mille Milliards de Poèmes（100兆の詩篇）〟と呼ばれるこの小説は、ソネット（14行詩）を10篇集めたシンプルな詩集なのだが、驚くべきは各詩の一行一行が切り離し可能になっていることだ。

すなわち各行には10個のオプションがあり、それが14行続くため、読者がカスタムできる潜在的な詩は10の14乗で100兆通りあるということになる。たった10ページの詩集かと思いきや、一生かかっても読み切れない100兆本もの作品数が詰まっているのだ。

このイノベーティブな小説のアイデアは一体どのようにして生まれたのだろうか。

ポイントはこの作品が、小説家ひとりからでは、あるいは数学者ひとりからでは、決して生まれなかったものであるということだ。

すなわち互いにかけ離れた専門性を持つふたりが、同じプロジェクトを進める過程で、相方の専門的知識が、自らのフィールドの知識に「見えてしまう」ことから始まっている。『100兆の詩篇』の場合、数学者が持ってきた「順列・組合せの数式」が、小説家にとってみれば新しい「目次のアイデア」に見えてしまったのだ。

なぜ？　と聞いたところで、そこに理由などないのだ。レーモン・クノーの個人的な見立てる力が生んだ奇跡なのである。

これらの3つの異なるイノベーティブな集団の特徴は、メンバー集めのプロセスおいて、決して同じ専門性の人を集めるのではなく、ユニークで抽象的なビジョンを掲げ、それに共感した異分野のプロフェッショナルが集まってくるという形式を取っていることだ。

潜在的文学工房 "Oulipo（ウリポ）"

Ouvroir de littérature potentielle

『100兆の詩篇』

電通が考える新しい組織像

例えば電通には「電通Bチーム」という一風変わったコミュニティがある。「B」とはレコードやカセットテープのA面B面になぞらえていて、A面（広告代理店の中での専門職）以外に、プライベートで個性豊かなB面を持った社員たちが集まり、今までと違うやり方＝planBを提案するオルタナティブな課題解決アプローチを実践するチームである。DJや小説家から、AI、金融の領域まで、本業の広告業以外に、個人的活動を行う社員約50名を、部署の縦割りの垣根を超えて横断して組織化している。彼らが共通して持っているのは「如何にして新しい代替案を出せるか」というクリエイティブなテーマだ。

〝人生100年時代〟の新しい働き方を実現する「ライフシフトプラットフォーム」というコンセプトを持つニューホライズンコレクティブ株式会社（以下NH）は、約230名の電通退職者が集まってスタートした一風変わった会社だ。広告業界に20年近くいた経験を持つプロフェッショナルたちが、広告業界の垣根を超えて顧客にノウハウを提供していく。中にはそのスキルセットや趣味の知識を活用して新規にビジネスを起ち上げる人たちもいる。そこには「営業」や「マーケティング」等の部署割りはなく、NHの1人ひとりが個人代理店のような動き方をしているが、「元電通」という共通項が不思議な一体感をもたらしている。

組織に多様性をもたらそうと採用活動を行う場合や社内で新規事業の起ち上げをするためにチームを組成する場合、その選考プロセス上仕方のないことではあるのだが、つい人をレジュメの中の経験だけで見てしまいがちである。こんな会社にいたのか、こんな役職についていたのか、こんなプロジェクトを牽引していたのか等。

ところが人間の個性は当然、仕事の中だけに表出してくるわけでは決してない。

各々が、実はなにかのプロフェッショナルであるというケースがよくある。

ワークライフバランスという概念から、仕事とプライベートを切り分けていく発想もあるが、プライベートで追及している活動は「好きこそものの上手なれ」で情熱レベルも高い。

その熱量をオープンにぶつけ合うことができるかどうかは、組織のファシリテーター側の環境づくり次第なのである。

イノベーティブな組織の特徴

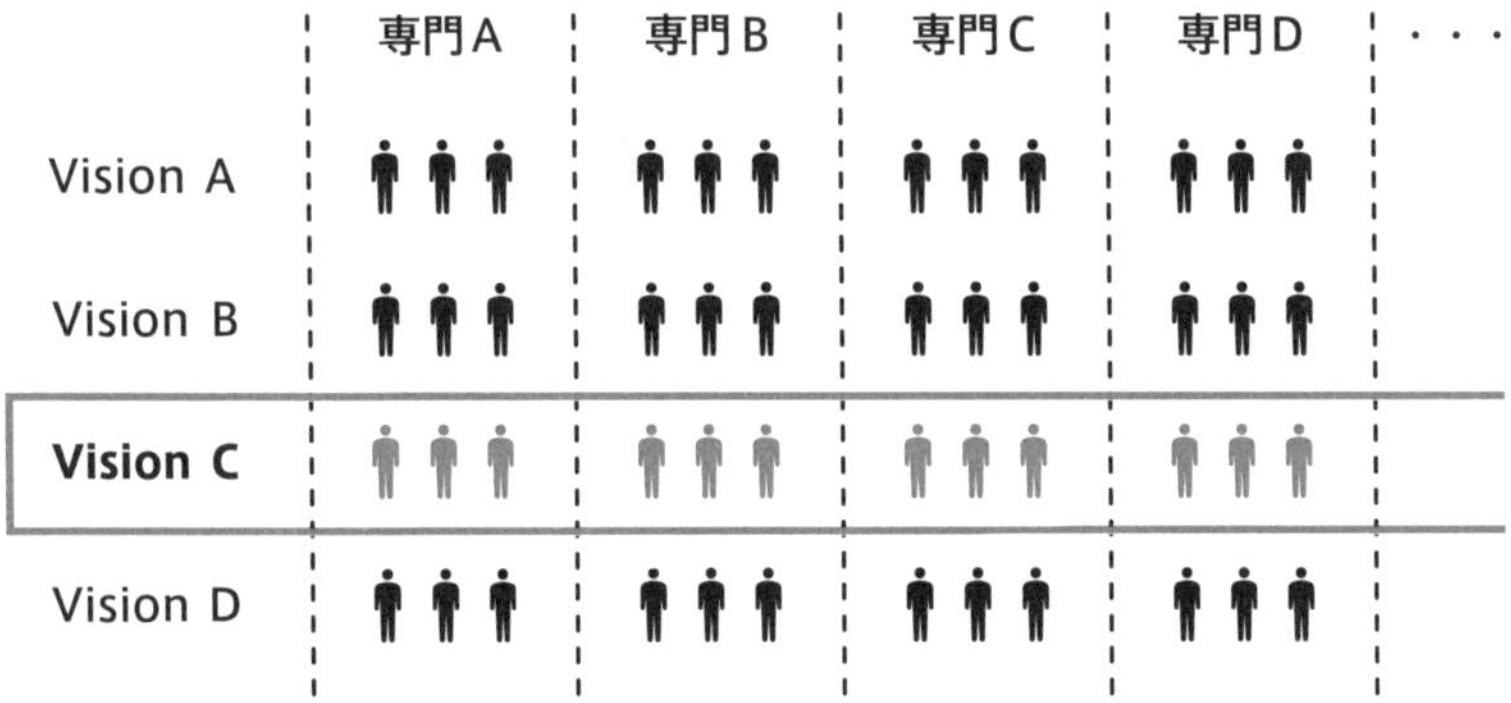

組織を専門性や領域によって縦割りにするのではなく
共感するビジョンによって横割りにする

イノベーション・プログラム

Identity Academyには「ＩＡイノベーション」という名物プログラムがある。

このプログラムは実際の企業をクライアントとして迎え、その企業が抱えるリアルな経営課題に対して、文系／理系／芸術系の境界を超えて集まるアカデミーの学際的な学生コミュニティが、現状を打破するようなイノベーションアイデアを短期間で集中的に提案するプロジェクト型教育プログラムである。

最初に企業側から学生に向けたオリエンテーションを行い、そこから約2カ月という期間で最終プレゼンテーションまで突っ走る。約25人の学生を6チームに分けて、マーケットリサーチから新規事業アイデア創造までをワンストップで行う濃密な時間を過ごすのだ。

我々のアカデミーは、よくマネーリテラシーを教える「お金の学校」と勘違いされることがあるのだが、実際は金融工学理論やデザイン思考を活用した「意思決定の学校」と謳っている。

抽象的で大きなビジョンを掲げていることもあってか、金融業界を志す学生のみならず、博士課程で高度な数理モデルを研究する学生、医者を目指す医学部トップの学生、海外でデザインを学ぶ学生、既に起業して大手企業を顧客に持つ学生、実家の寺を継ごうとするハーフの学生等、その個性の数々には枚挙にいとまがない。そんな学生たちが、互いの知識、経験、個性をぶつけ合っていく。

彼らのエッジの効いたZ世代ならではの忖度のない視点には、アイディエーションを生業としているプロから見ても毎回ハッとさせられる程だ（通常の企業インターン等では「内定」という下心から忖度が生まれてしまう）。

例えば研磨剤や研磨フィルムを加工するMipox株式会社のケースでは「Ref-Lite（レフライト）」という反射材をどのように今まで以外の使用用途で社会に活用していくべきか、という課題が出された。反射材はこれまでガードマンが夜間工事のときに着用している反射ベストや車から気づかれやすいようにランナーのウェアの一部に使用されるというのが主な使用用途であった。これに対してZ世代の学生からはカメラのフラッシュを向けたときだけ出現する特殊なハイセキュリティなＱＲコードのアイデア、都市の温暖化を緩和するビルの外装材のアイデア、ｅスポーツ向けのマウス感度を上げるためのアクセサリーのアイデア等、予想だにしない提案がなされた。それは当初、この反射材がアパレル業界向けにつくられていたことを考えると、先入観を大きく崩していたと言えるだろう。

また、大阪の「うめきた2期」と言われるグラングリーン大阪を題材にした大規模都市開発が課題だった際は「都市の新しい付加価値」をテーマに、オリックス不動産株式会社の皆さんに提案を行った。そこではテナントからの賃料収入という業界の商習慣を崩し、周辺地域を含めた都市全体をメディアと捉えるような斬新なアイデアが集まった。これはエンジニアリング等の専門知識が活かされているだけでなく、SNSやシェアリング、ダイバーシティに対してネイティブな世代だからこそ出し得る提案ばかりであった。

1チームの構成は約5名。スキルセットがバラバラになるように運営側で恣意的に分けている。最初は互いの表層的な情報は知っていても、育ちや思考のクセまではわからない。それが少人数で白熱した議論を続ける中で、その発言や行動の意図や根源を汲み取り、2週間程度で高速で自己マッピングを行っていく。

自分のアイデアをどうしても通したい者、チームをまとめていきたい者、速く正確にリサーチができる者、ビジュアライズが得意な者、情緒的なプレゼンテーションができる者など。普段、自分の大学やゼミでは異なる役割をしているにもかかわらず、このチームの中だと相対的に自分の新しい役目が決まっていく。

自分と同質のコミュニティでは評価されないところが、このチームでは称賛される。このプロセスで生まれる互いへのリスペクトから、議論では基本的に「加点方式」の目線で相手を見るようになり、それぞれが相手のユニークなところを見出し合う関係性が構築される。

このプログラムを通して自己認識が変わり、文系から理転した学生もいれば、就職してからもこのプログラムの熱量が忘れられず、すぐに辞めて起業した者もいる。

イノベーション・プログラム

チーム内での役割分担を決める

授業が終わっても議論は止まらない

下心のない組織

ここまで読むと「自分も何か目的をもって新たなコミュニティに所属するぞ」という気持ちが高ぶってくるかもしれない。

しかし、このように「良質なコミュニティに属したい」ということが目的化されてしまうとうまくいかない。良質なコミュニティとは、あくまで結果論なのである。だからこそ、コミュニティへの所属は、もっと気軽でよいのだ。単純に好きなことから始めたってよい。

例えば、日常生活をする中でよく接することのある人間と言えば、職場、仕事での取引先、あるいは同級生といった属性が多いと思う。

ところが、自分が色々な影響を受けたり、居心地よく過ごしているコミュニティはそれらの人ではなく、「就職活動時代に知り合った友達」「週末のフットサルコミュニティでの友達」「ママ友パパ友」といった日常とは異なるグループであるケースも多いと思う。

就職活動の知り合いであれば、お互いに何かを求める下心はない。謂わば、就職先内定という共通の目的の中で、互いに情報を共有して応援しあった戦友のようなものだろう。

週末のフットサルコミュニティは、フットサルが「好き」というシンプルな原点から始まり、必死に練習して試合に勝つという共通の目的を有したコミュニティだ。

「ママ友パパ友」というのも明確な目的意識というものはそもそもなく、子供が所属するコミュニティの行事や、子供が円滑に学校生活を送れるように集まったグループが、結果的に後にまで残る財産となることは多い。

メンバーに対してはじめから求める期待がある状態であれば失望も伴うが、求め合わないものにこそ、異質なメンバーでの持続可能な組織が生まれることは多い。前述のような共通の目的というのは、実は大それたものでなくてよいということだ。一緒にスポーツをする。子供が過ごしやすいコミュニティをつくるというのですら、立派な共通の目的となり得る。

重い腰を上げて、集まりにオープンマインドで参加してみてほしい。目的のないコミュニティの集まりというのは、得てして億劫になるものだ。「行ってなんの意味があるの?」と考えたり、「特に話すこともないからな」と思って土壇場でキャンセルしたくなる。

しかし、いったん参加してしまえば「あぁ楽しかった」と思った経験のある方は多いのではなかろうか。まずは気軽に、異質なコミュニティに飛び出していってほしい。

すべてはそんなところから始まる。

COLUMN

分人主義

小説家の平野啓一郎氏は、著書『私とは何か』の中で「分人」というコンセプトを提唱している。

通常、私たちが考えるひとりの人間というのは、「個人」という素粒子のようにそれ以上分割することのできない「最小単位」である。その確固たる個人は、環境や相手に合わせて様々な仮面（ペルソナ）を使い分けて、社会生活を営むものと考えられている。

この概念のリスクは、もしあるコミュニティで仮面がめくれるような事故が起きた場合、ただひとつの「自分」という人格が壊れてしまう可能性があることだ。

ところが平野氏の考える「分人」というのは、環境ごとに分化された全然異なる人格が存在するという仮説である。ひとつだけの「確固たる個人」という人格があるのではなく、コミュニティごとの複数の人格すべてを「本当の自分」だと捉えている。

職場、家庭、友人たち、それぞれの人間関係があり、様々なソーシャル・メディアのアカウントを持ち、いくつもの「分人」を生きている、という考え方。

このコンセプトでは、ある特定のコミュニティで上手くいかなかったときに、その単発の人格がゲームオーバーになったとしても、自分という総体を全否定してしまう苦しさからは解放される。

これは職能にも応用できる。新しいプロジェクトに割り当てられたり、転職して新しい仕事環境に入った場合、そこでのパフォーマンスの良し悪しは、あくまで他にも多数ある能力を持った分人たちの中のひとりでしかないと捉えることだ。

うまくいかなったときでも「自分は出来ない人間である」と一緒くたに捉える必要はない。

個人と分人

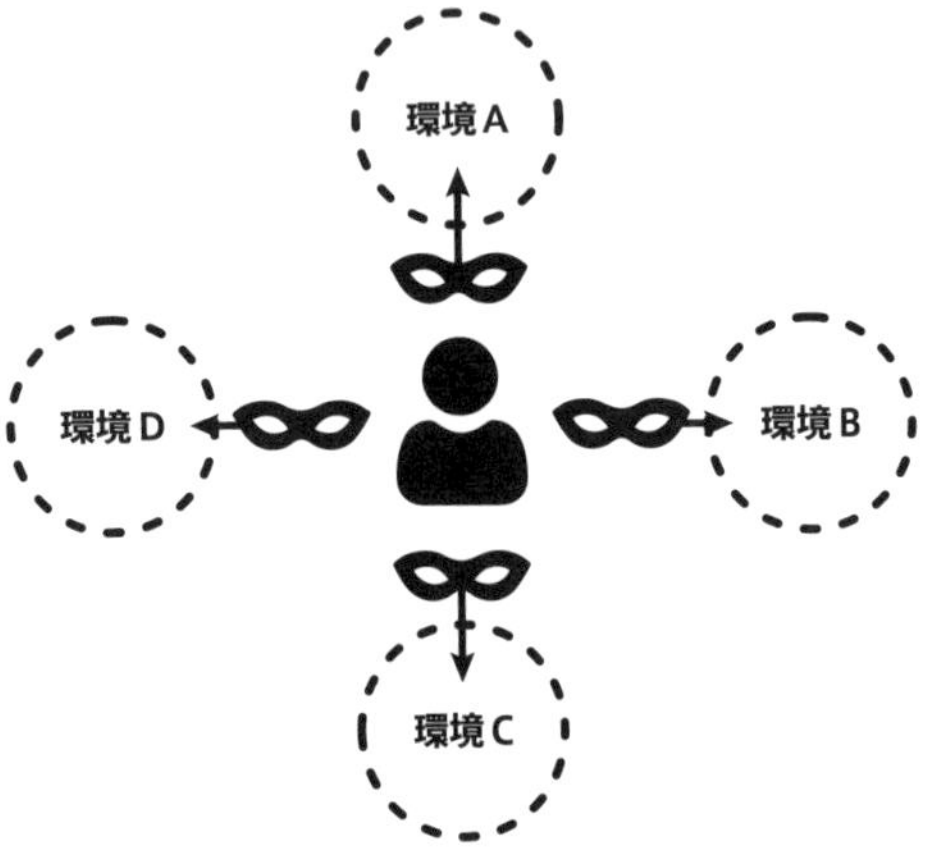

確固たる個人と環境ごとの仮面

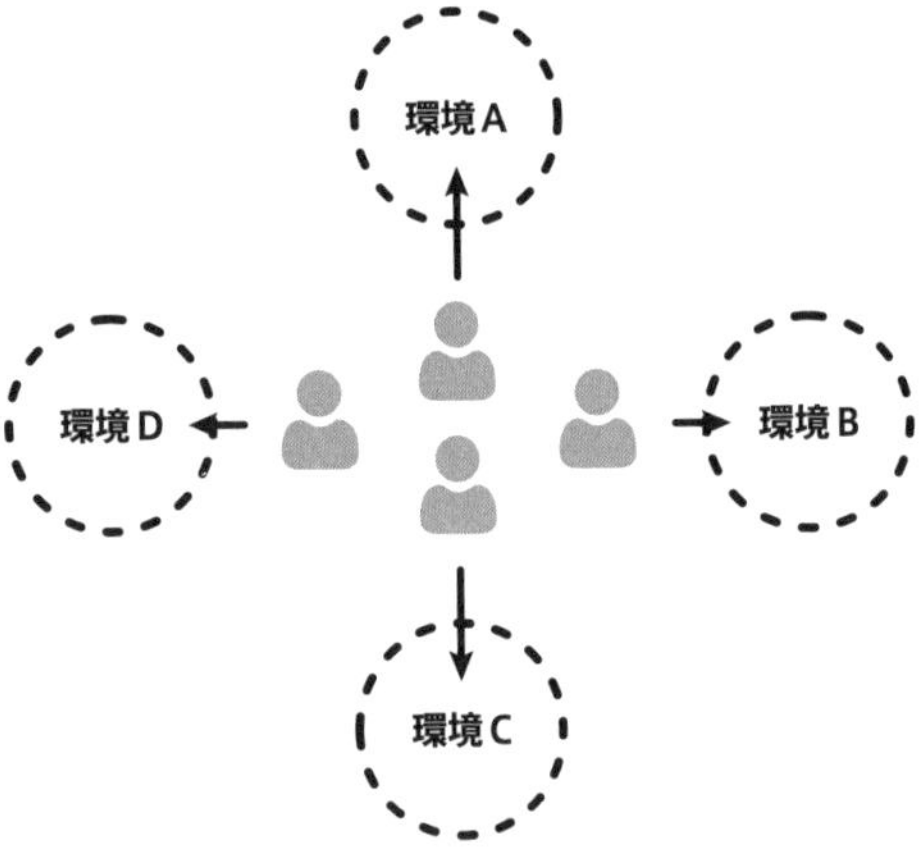

環境ごとの分人

第3章

まとめ

- 同じ物差ししかないコミュニティを抜けて、多様な物差しを持つコミュニティを探そう
- コミュニティごとに変わる自分を客観視しよう
- コミュニティの中で自己をマッピングしてみよう
- 共通の目的か敵を持ってみよう
- 熱量と時間をかけてコミュニティをつくろう
- コミュニティを専門性で縦割りするのではなく、ビジョンによって横割りしてみよう

“Lots of things take time,
and time was Momo’s only form of wealth.”

あらゆることが時間を奪おうとしてくるが、
モモにとって時間はただひとつの「富」の形だった。

Michael Ende “Momo”
ミヒャエル・エンデ『モモ』

児童文学作家

第4章 アイデンティティのつくり方

アイデンティティの定義を知る

主観と客観を行き来して意思決定しよう

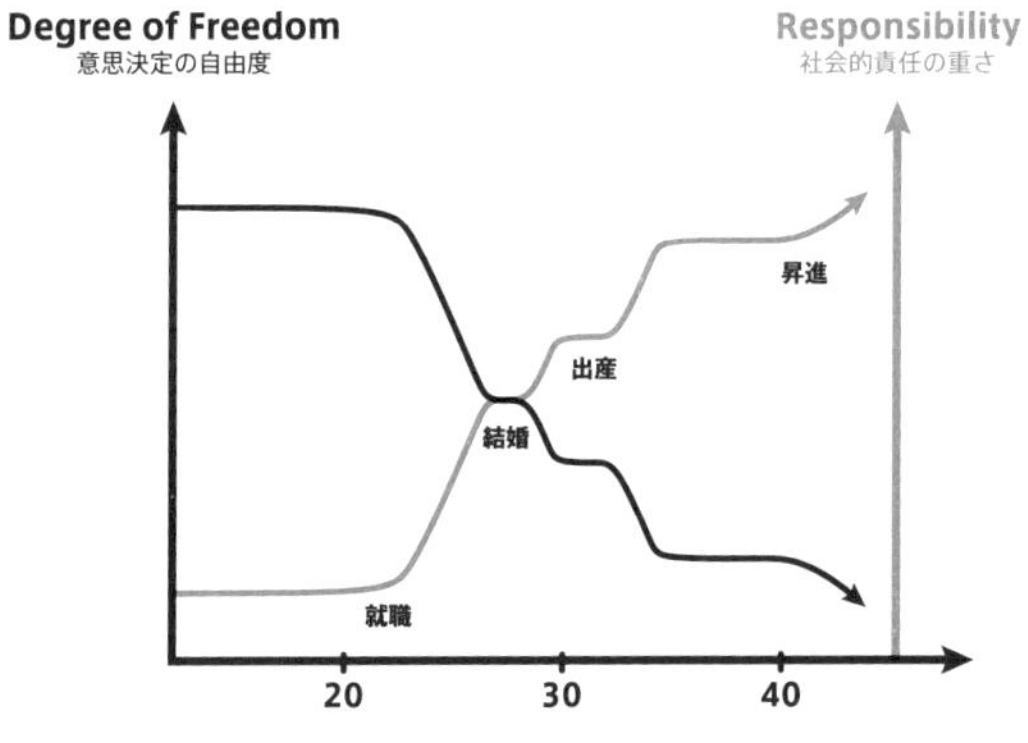

意思決定は責任が増えるほど難易度が上がる

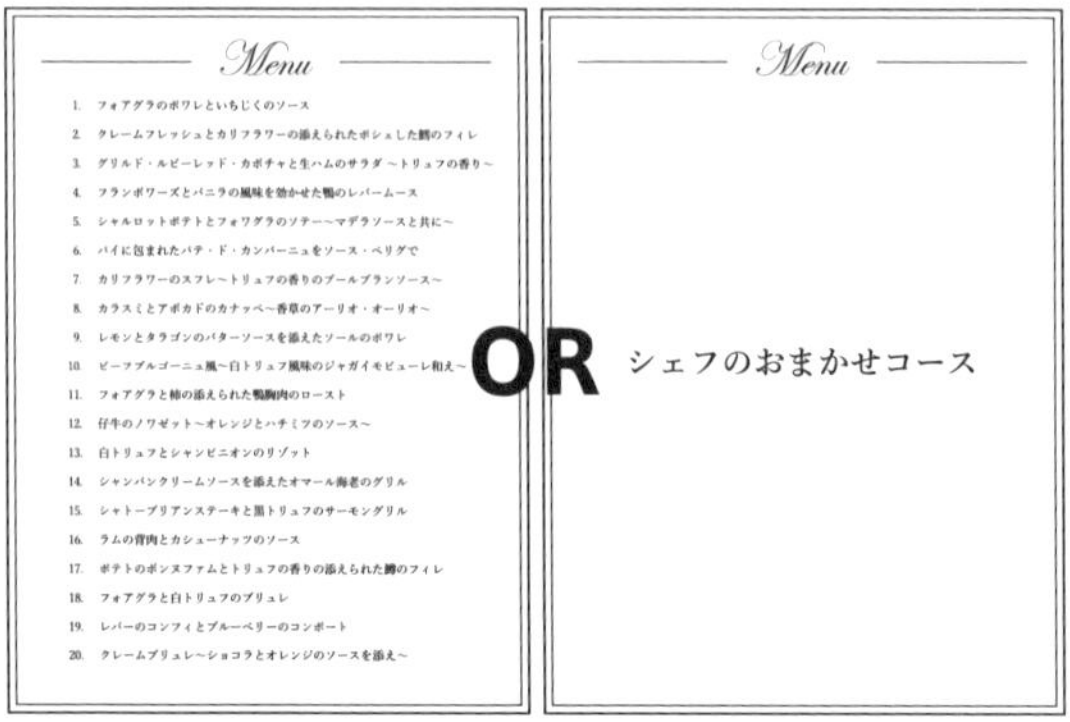

選択肢を絞り込もう

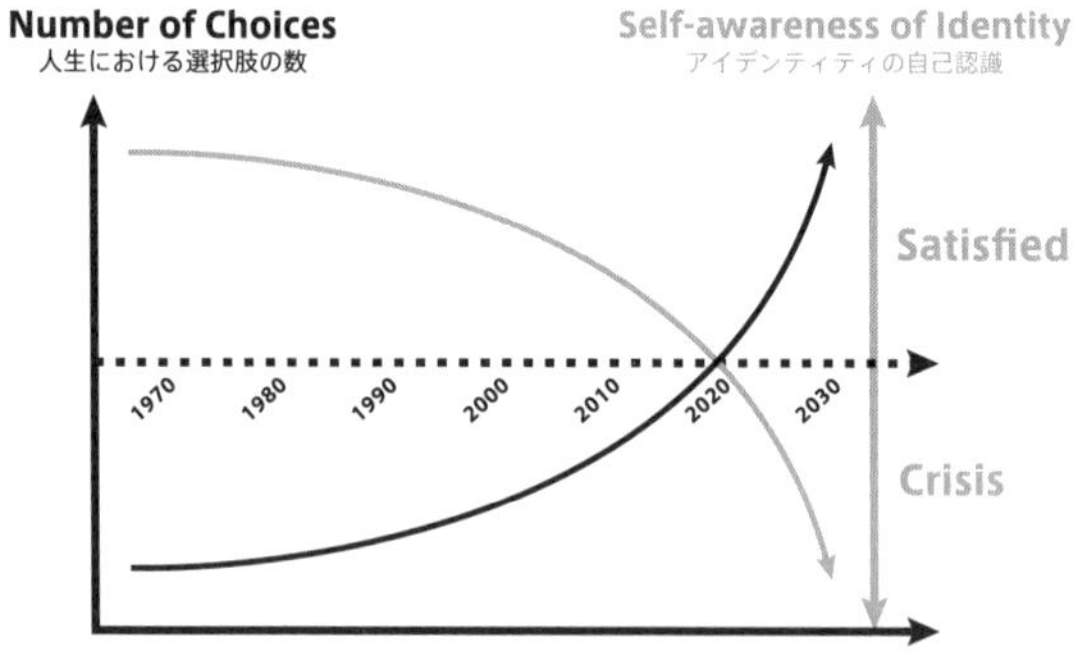

情報に惑わされないようにしよう

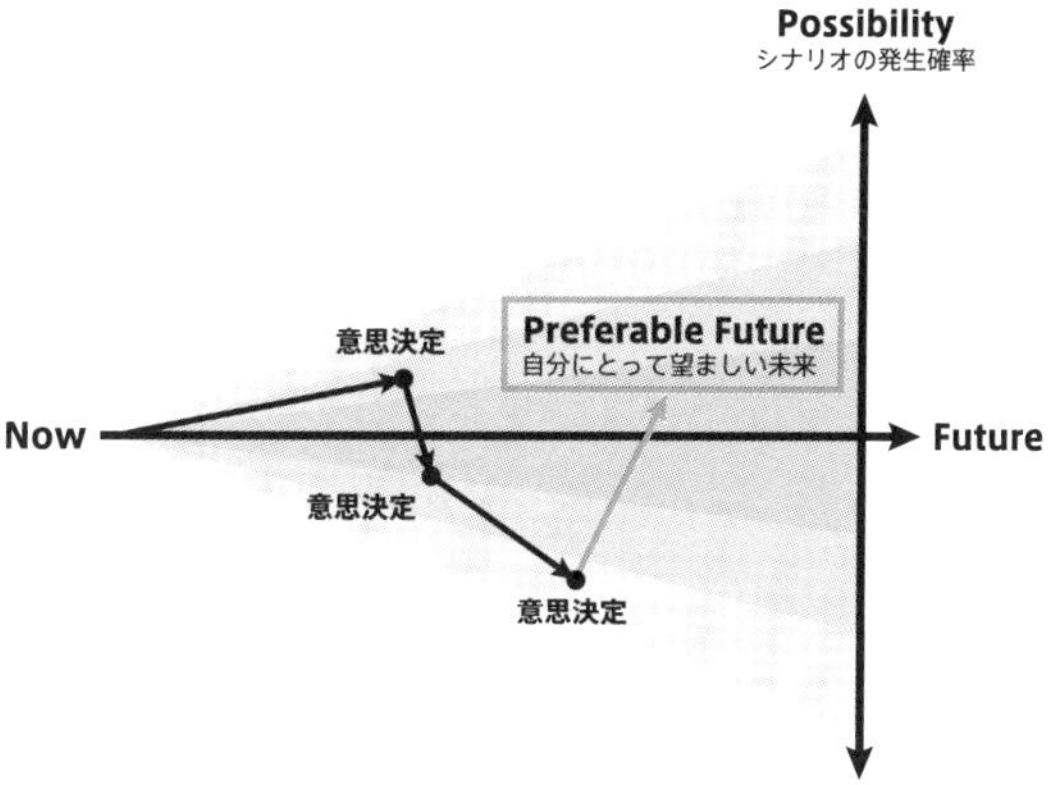

将来のゴールは何度でも変えていい

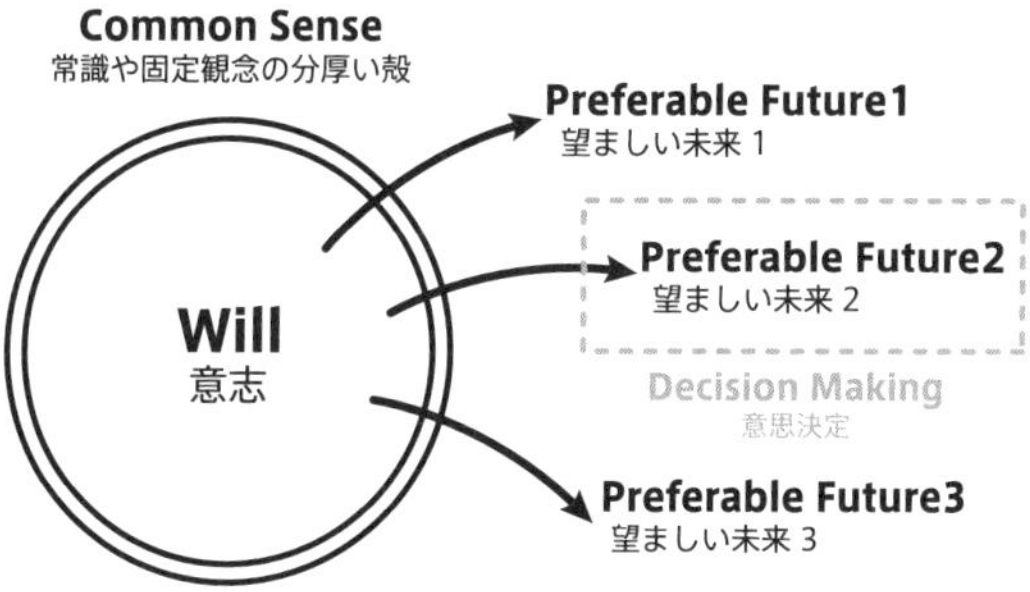

勇気を持って常識や固定観念の壁を超えよう

定量的に考える

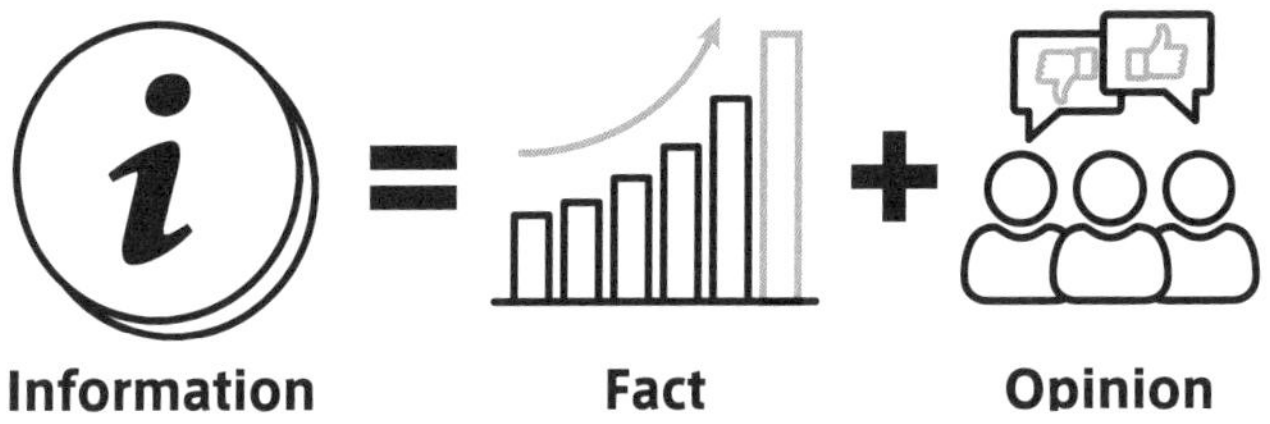

事実と意見を分けて認識しよう

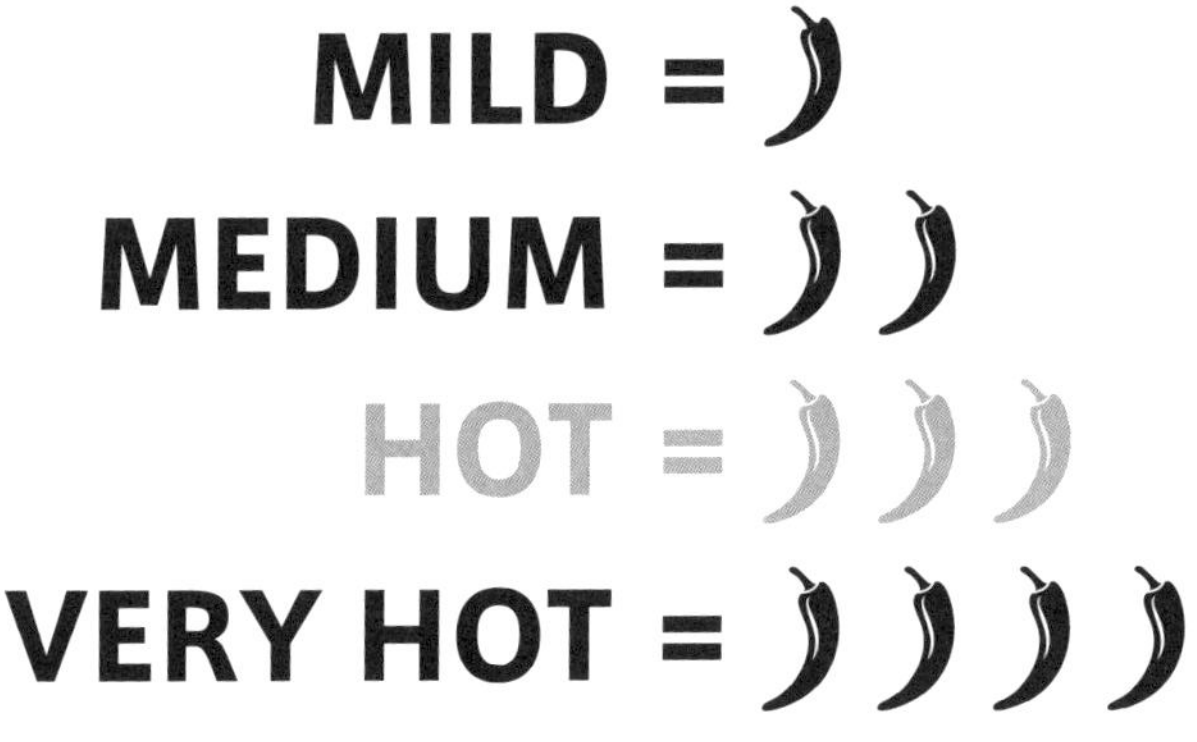

感覚的なものも定量化してみよう

解像度が荒い人	
東京駅までのタクシー	約 20 分
東京駅 - 新大阪駅の新幹線	約 150 分
新大阪駅から最寄駅まで	約 10 分
合計	約180分

解像度が細かい人	
オフィス高層階フロアでの EV 待ち	5 分
オフィスビルから大通りまでの徒歩	7 分
大通りでのタクシー待ち	3 分
東京駅までのタクシー	23 分
東京駅ホームでの新幹線待ち	12 分
東京駅 - 新大阪駅の新幹線	144 分
新大阪駅での在来線待ち	12 分
最寄駅からクライアントオフィス	8 分
合計	214分

34分の誤差

行動を細かく因数分解してみよう

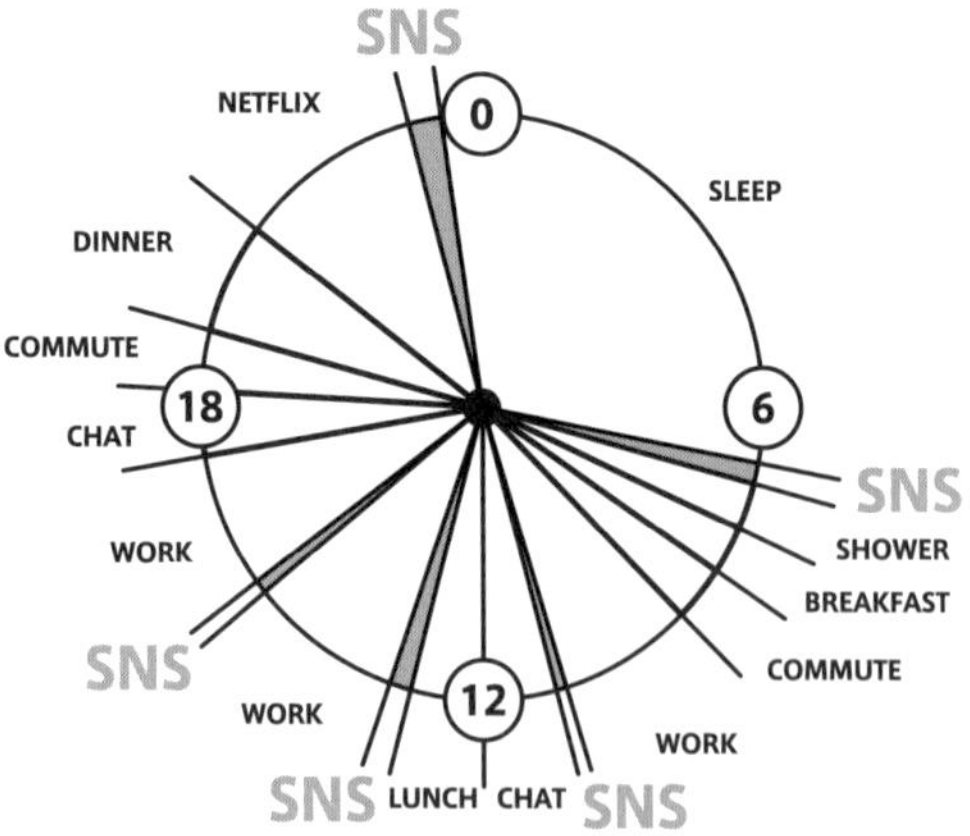

どんなことに時間を使っているか認識しよう

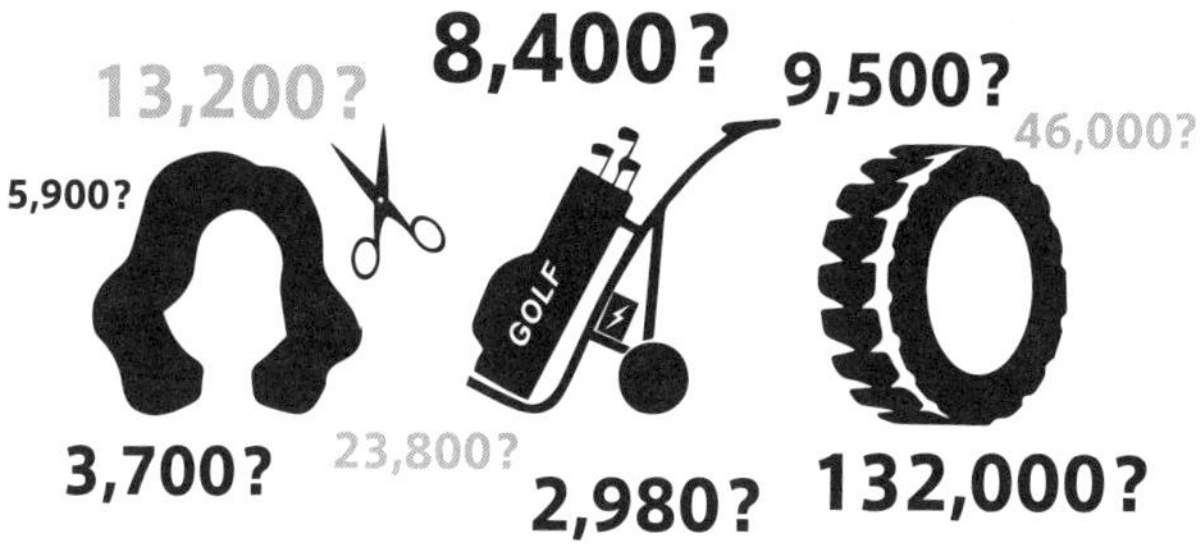

あらゆるものの価格を意識しよう

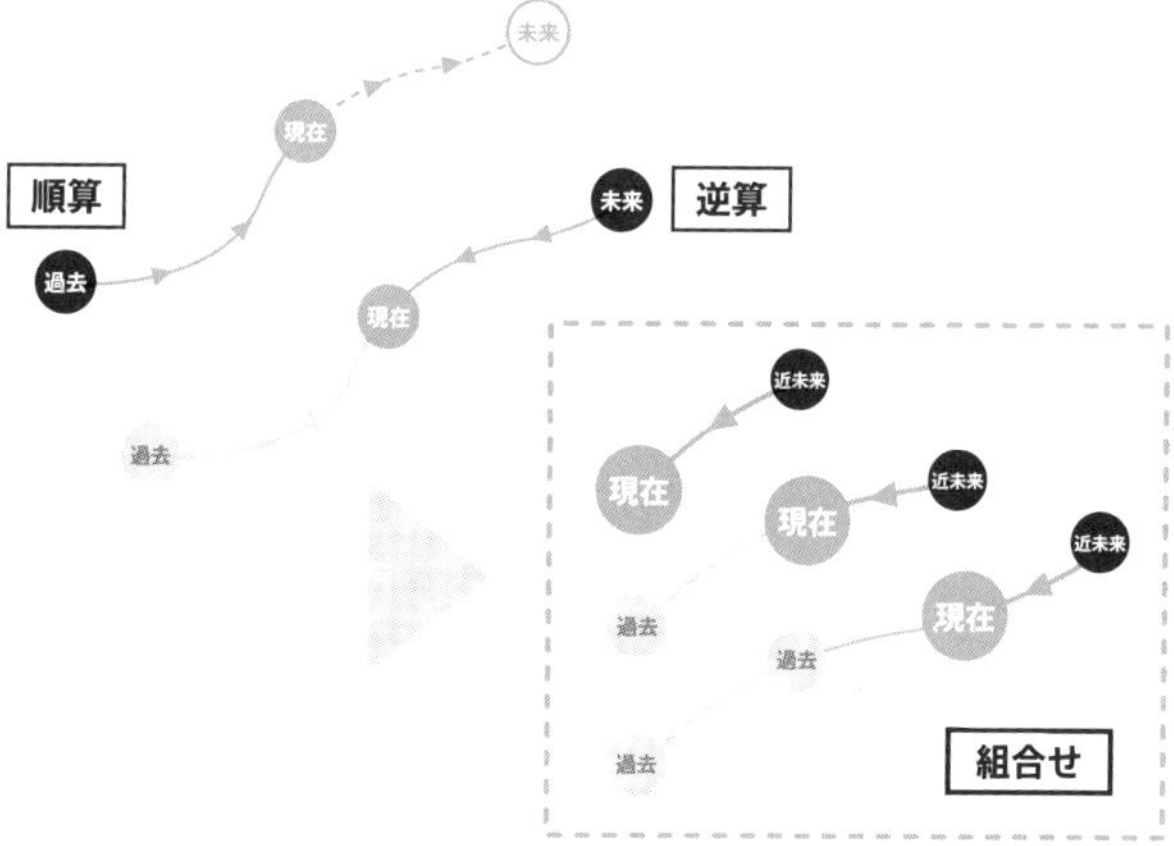

細かい目標を立てて逆算して行動しよう

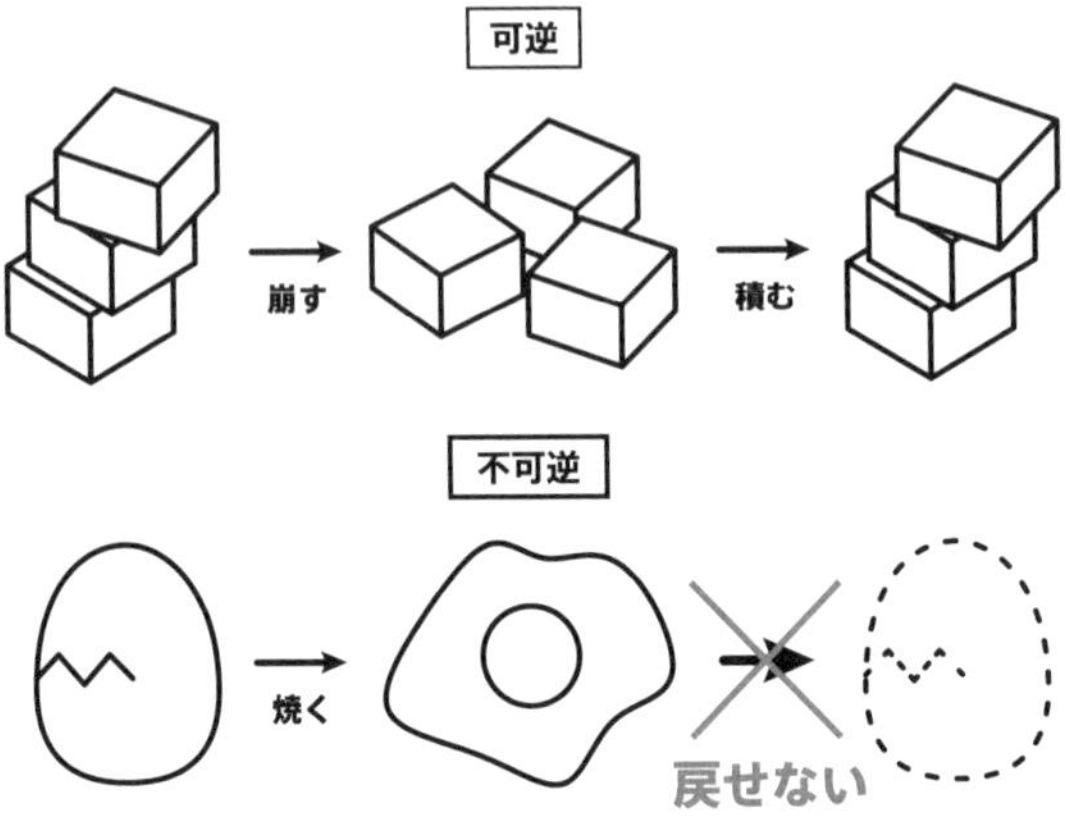

戻せるものと戻せないものを知ろう

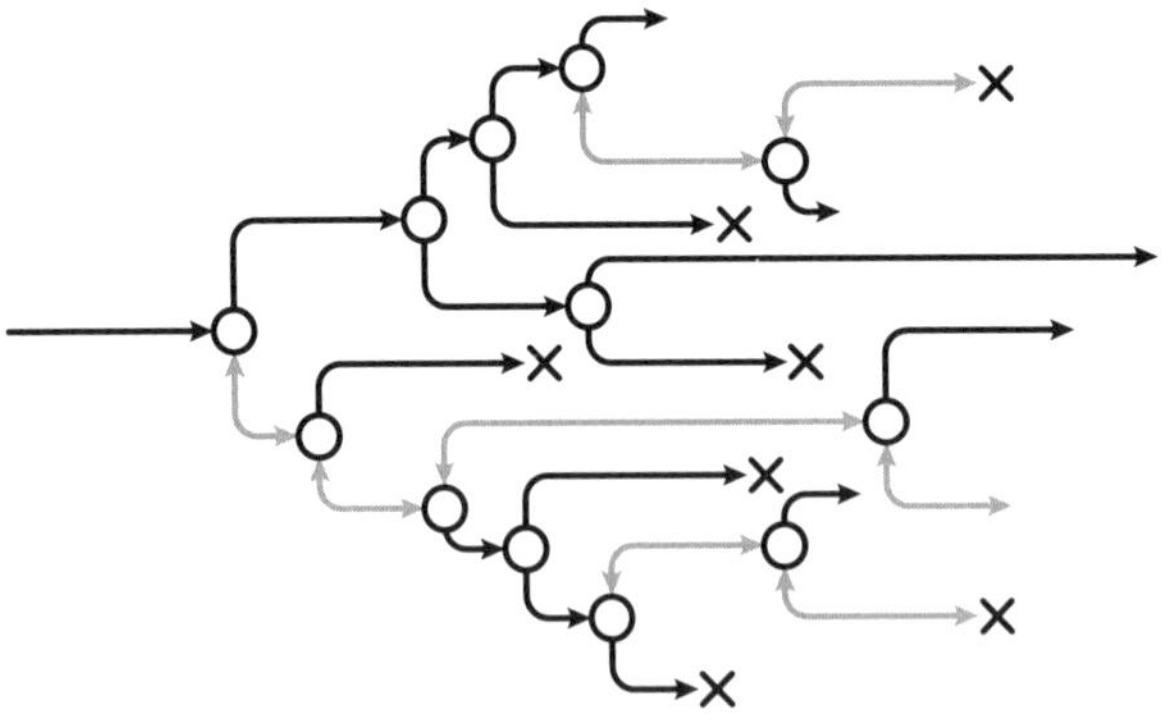

不可逆な意思決定に気をつけよう

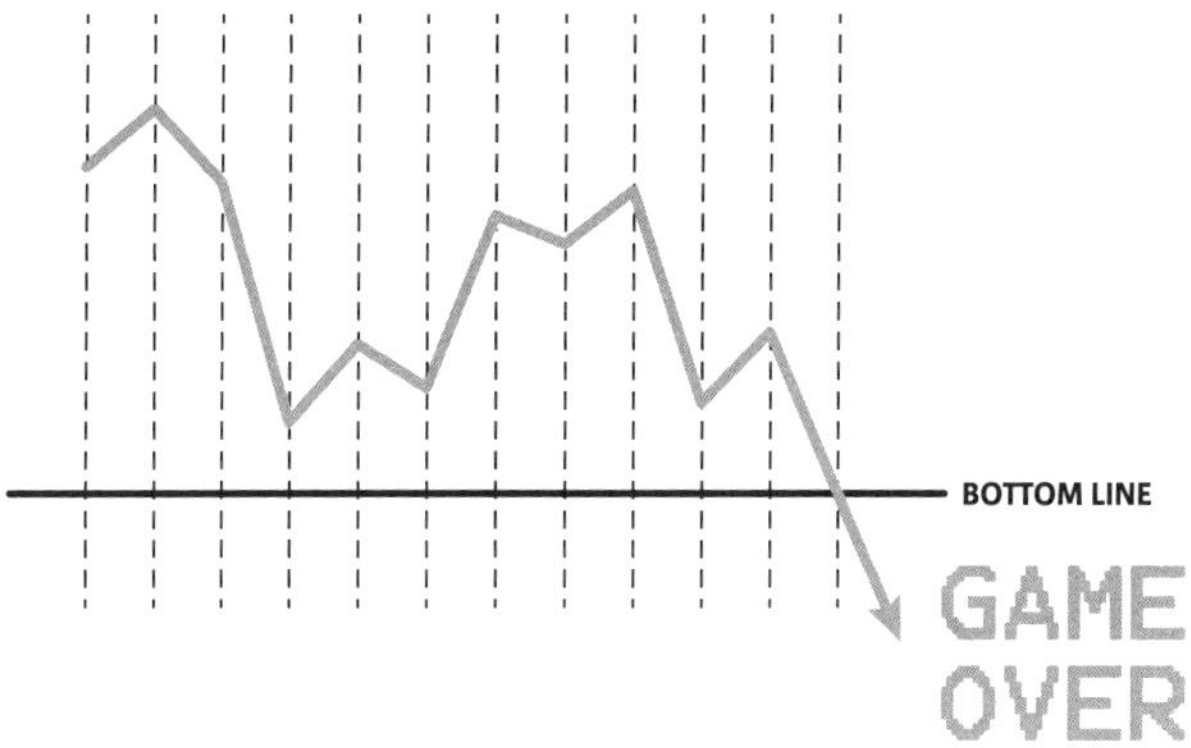

人生のゲームオーバーにならないようにしよう

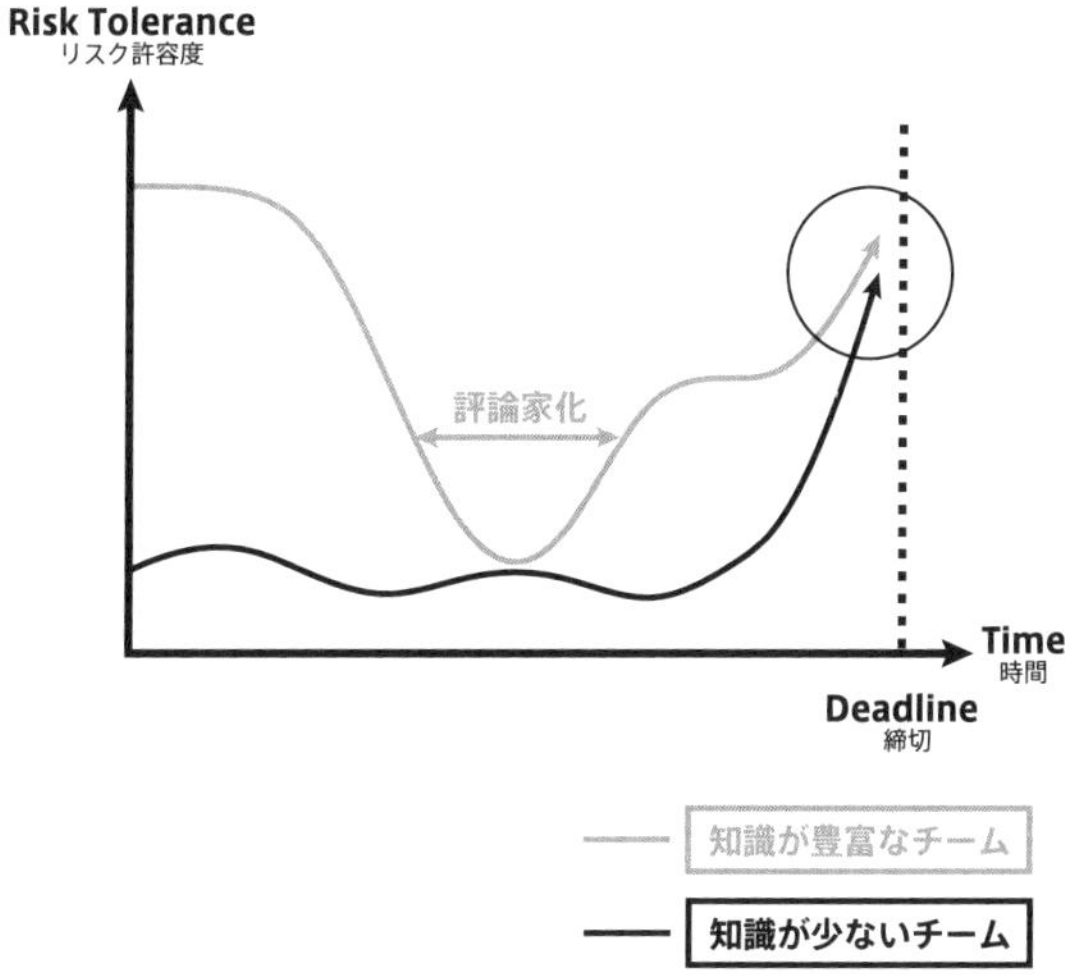

評論家にならないようにしよう

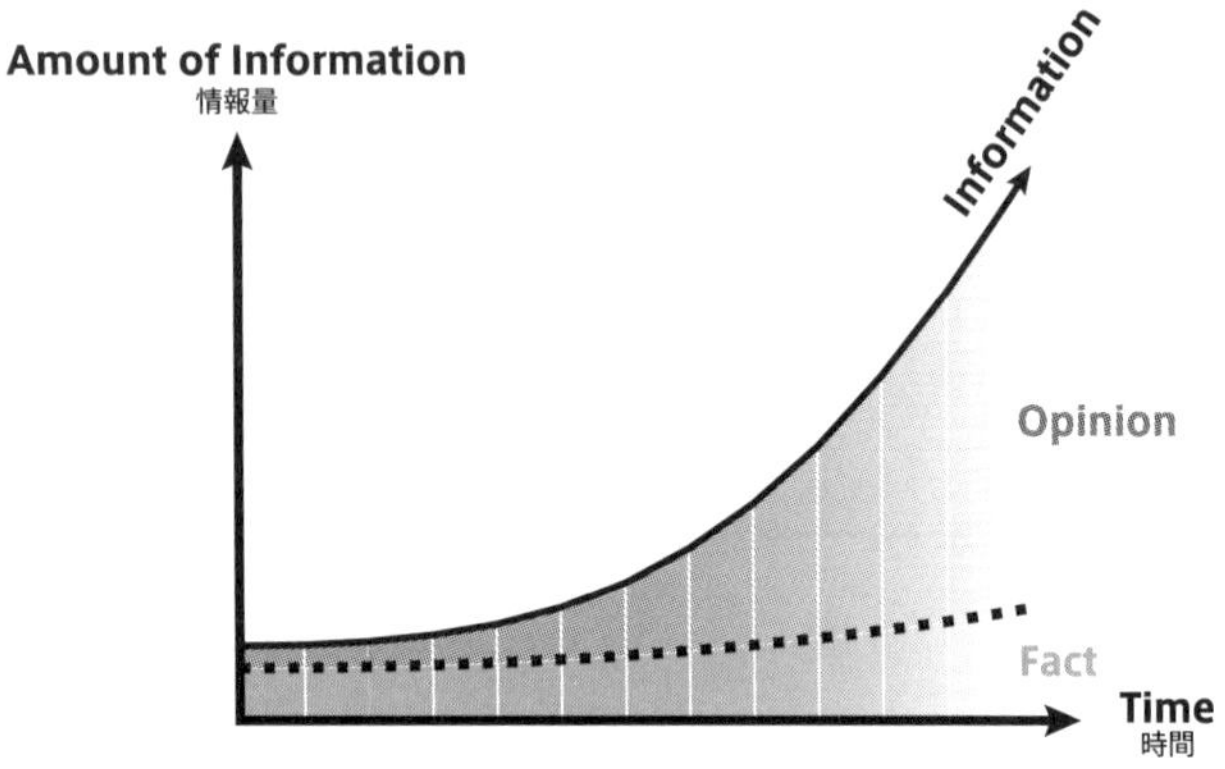

情報の多くは意見であることを意識しよう

自分の主観と向き合う

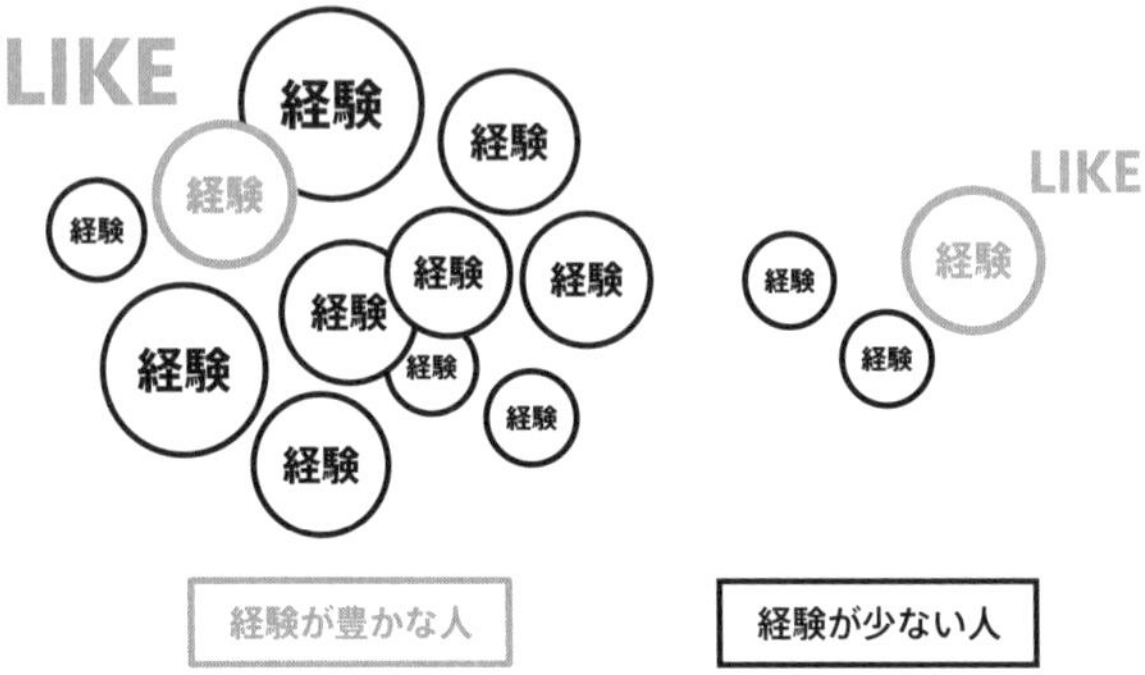

とにかく多くの経験をしよう

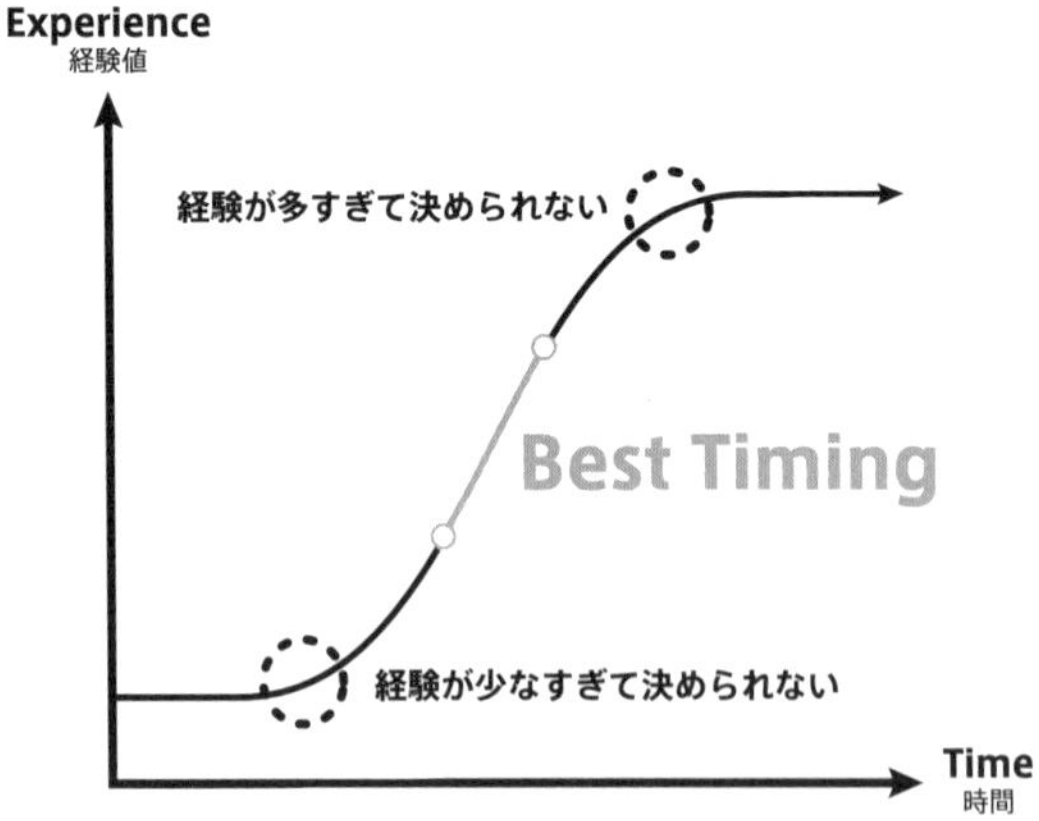

適度な情報量のタイミングで意思決定しよう

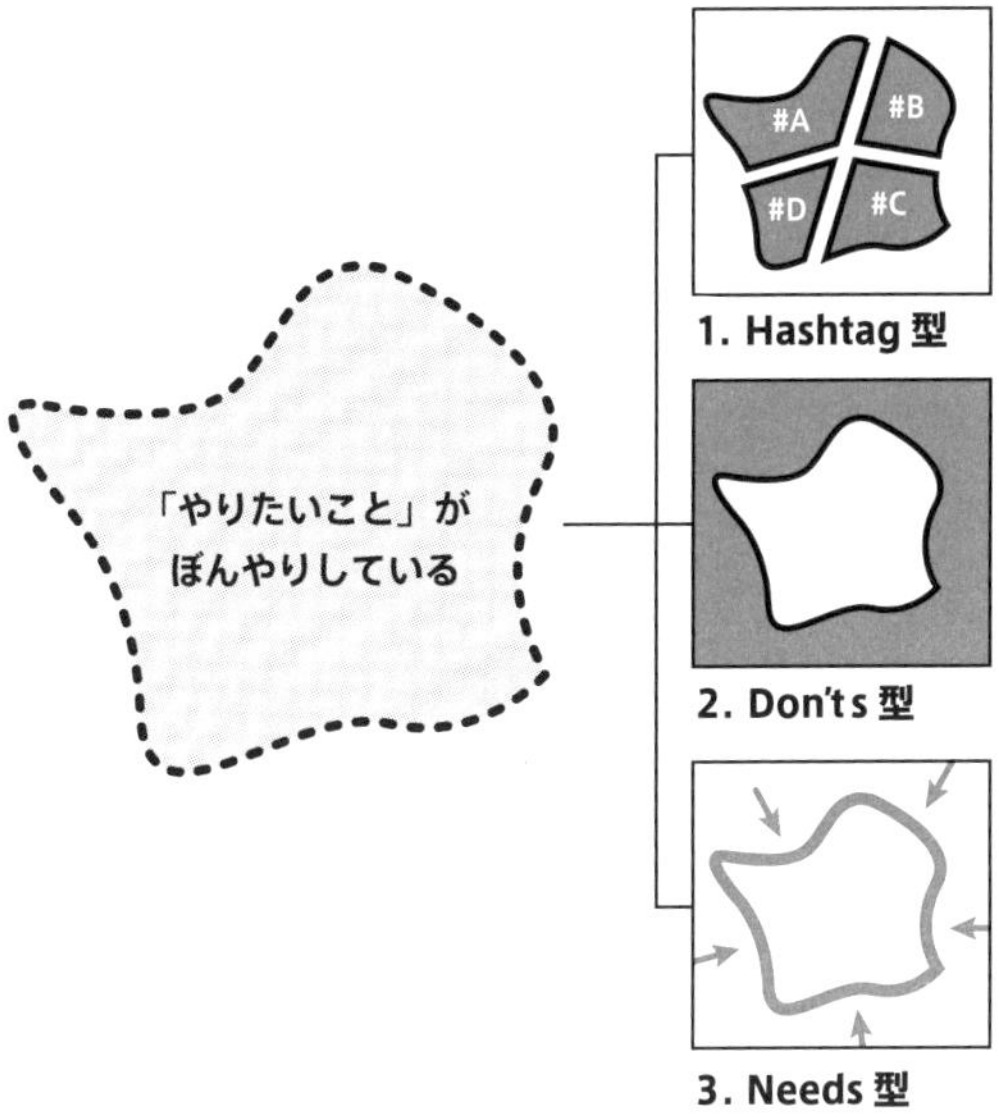

やりたいことを探してみよう

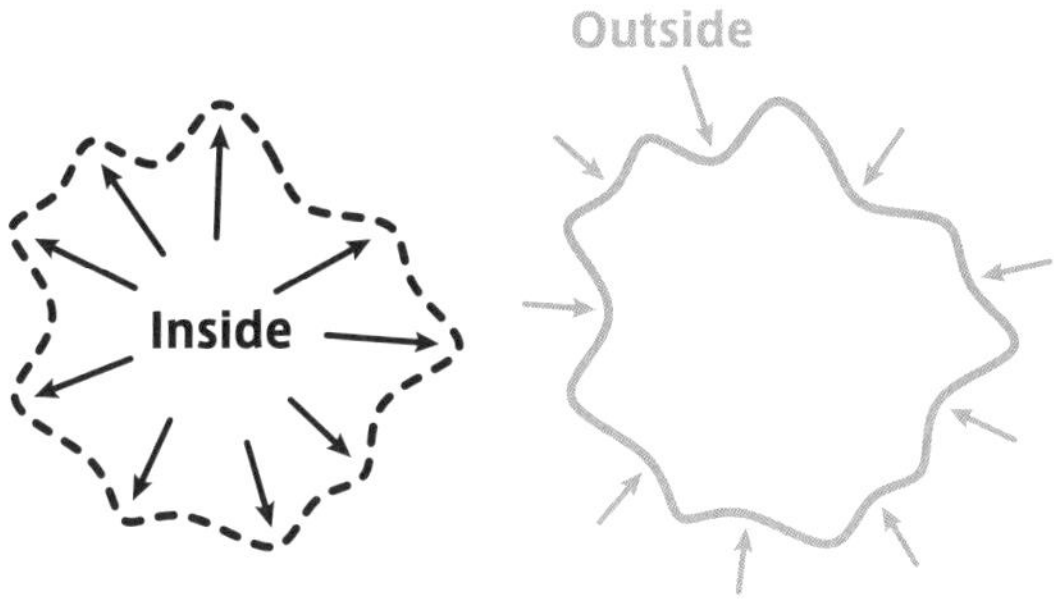

外から自分はどう見えるか考えよう

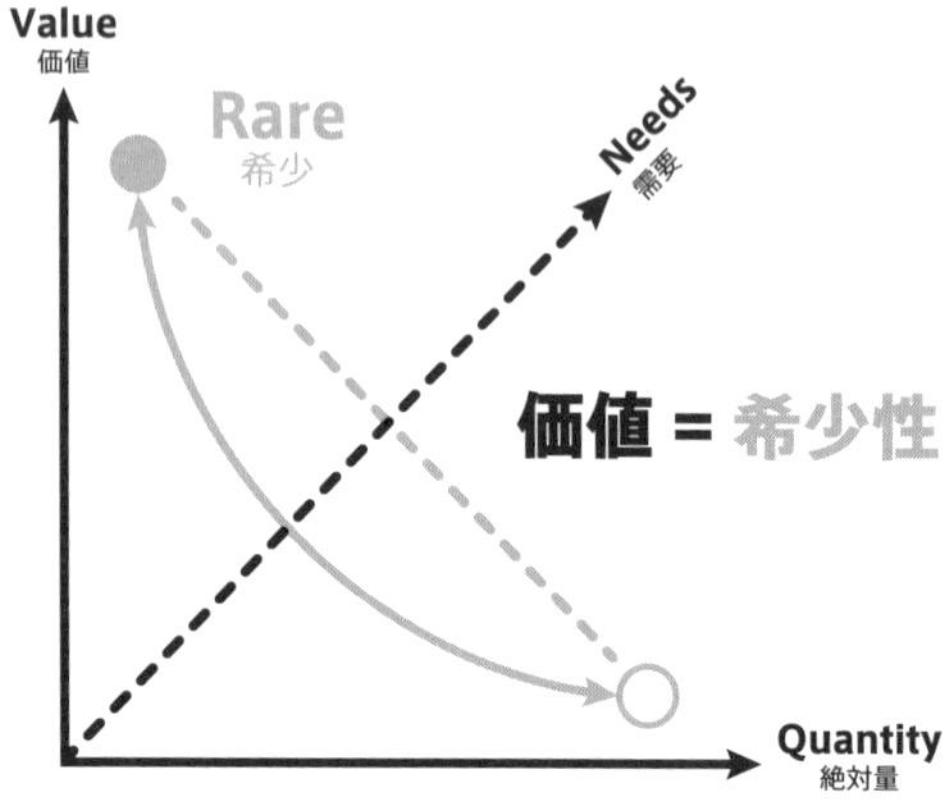

自分の希少性を高める意識を持ってみよう

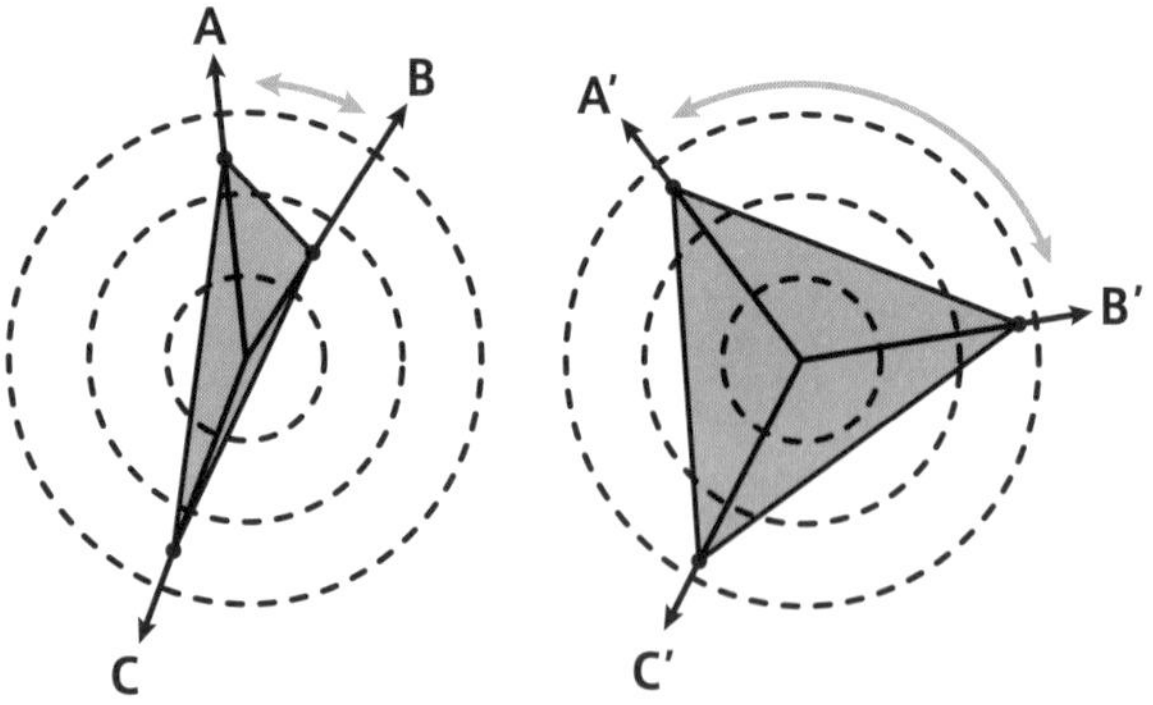

なるべくかけ離れたスキルを得よう

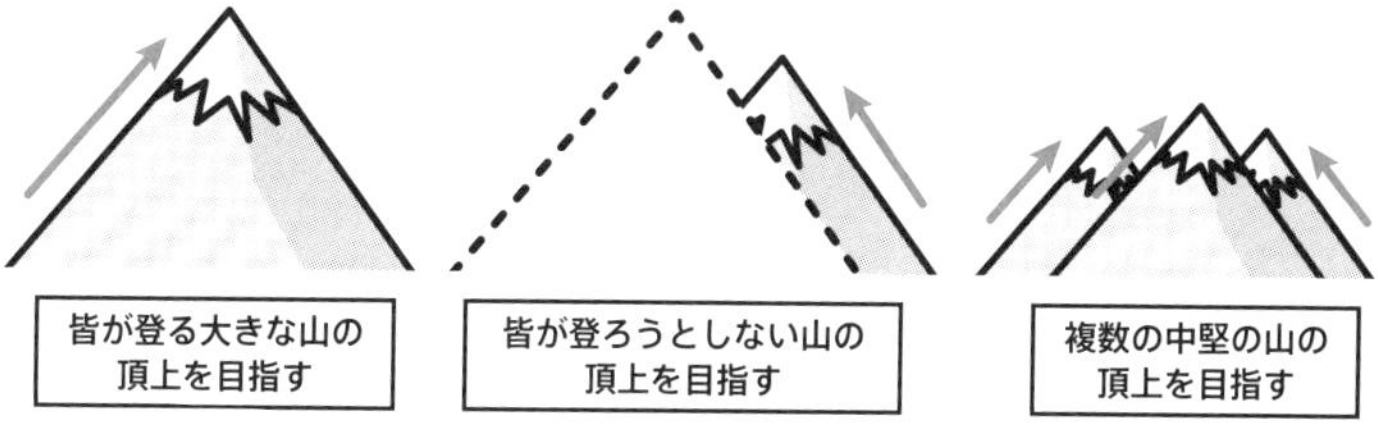

みんなと違う山に登ってみよう

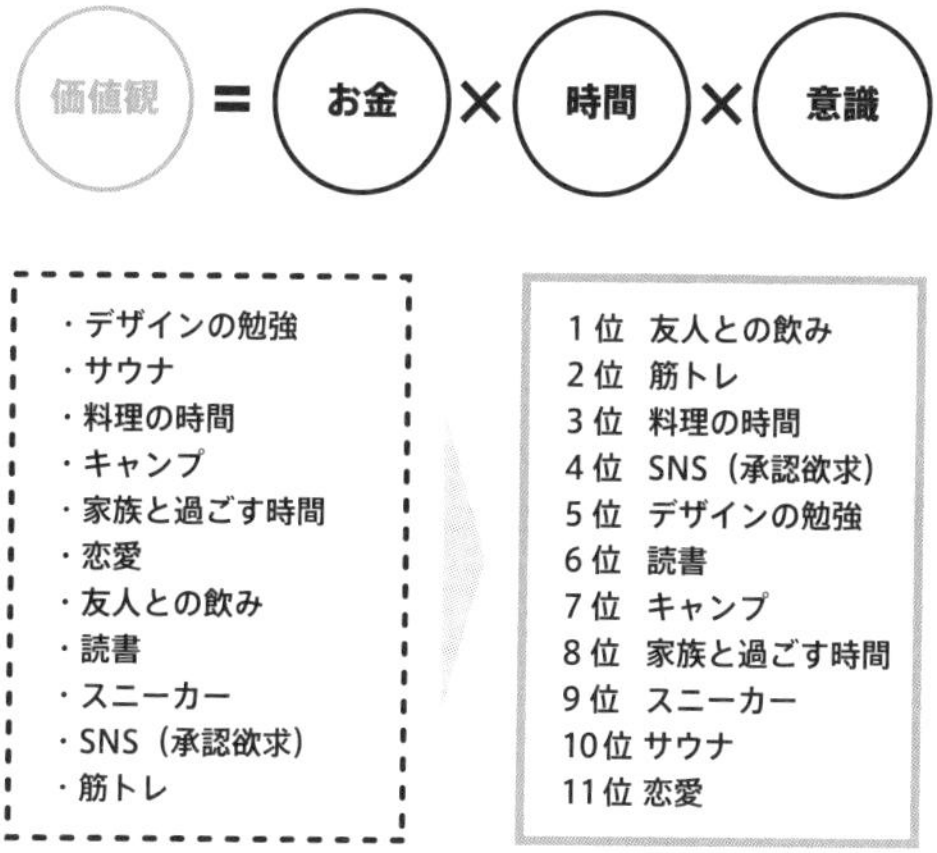

自分が大切にしている価値観を知ろう

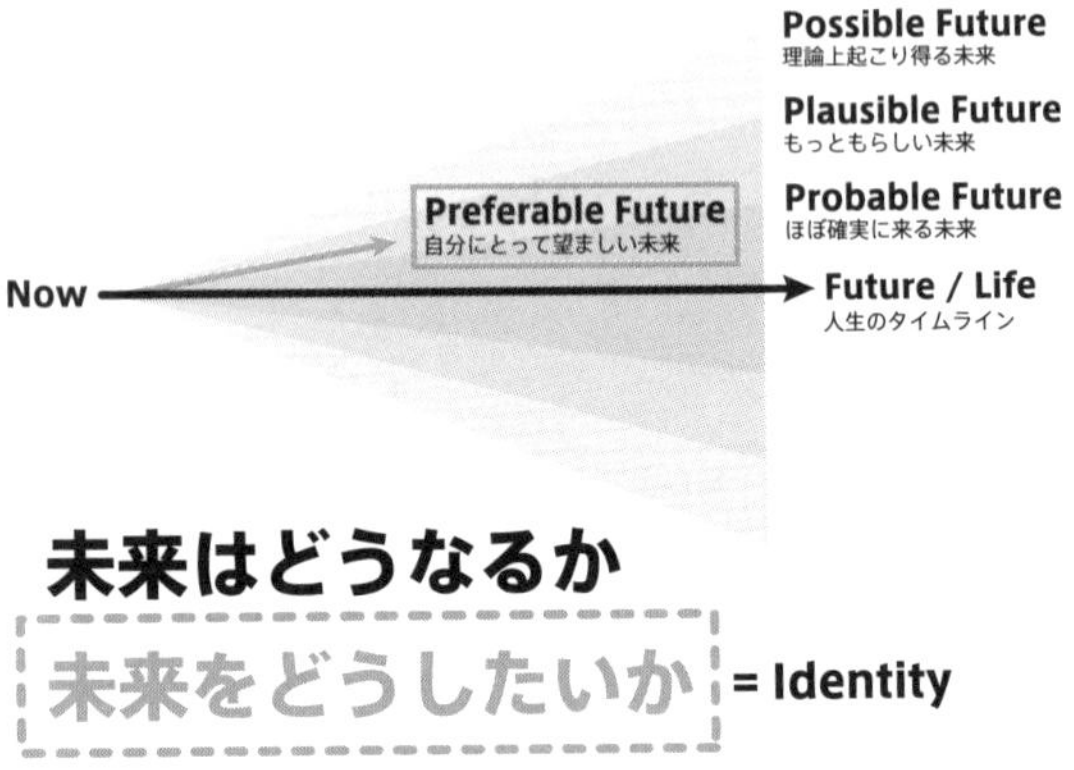

「未来をどうしたいか」考えよう

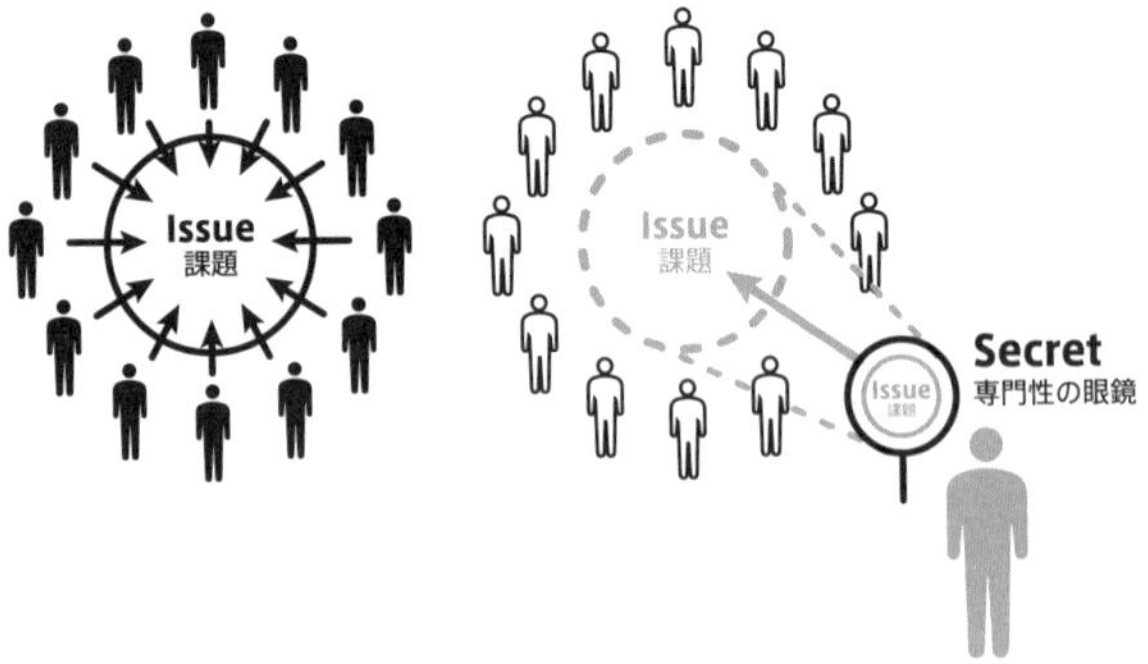

自分しか知らない秘密を見つけてみよう

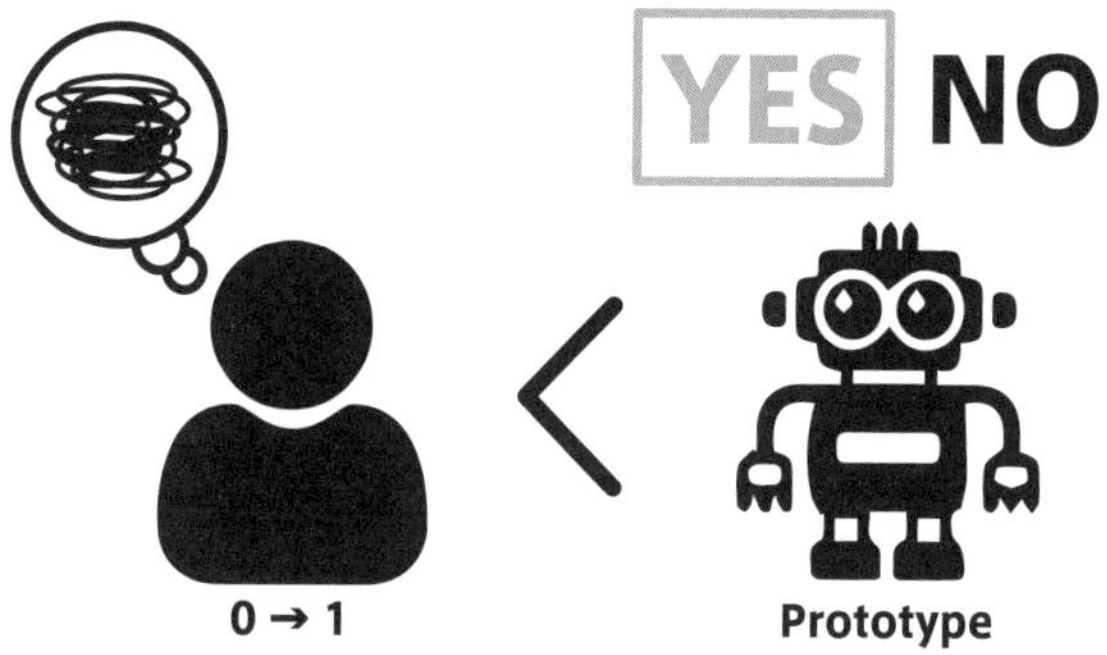

プロトタイプをつくってみよう

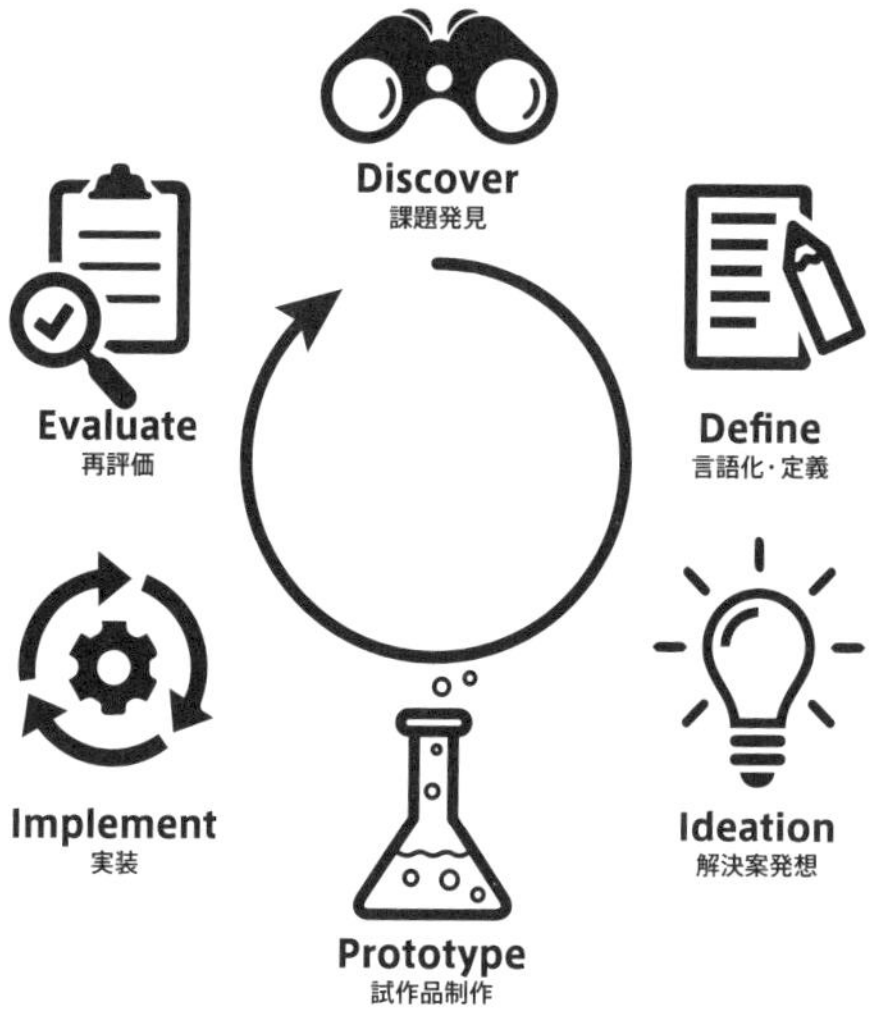

ＰＤＣＡを回してみよう

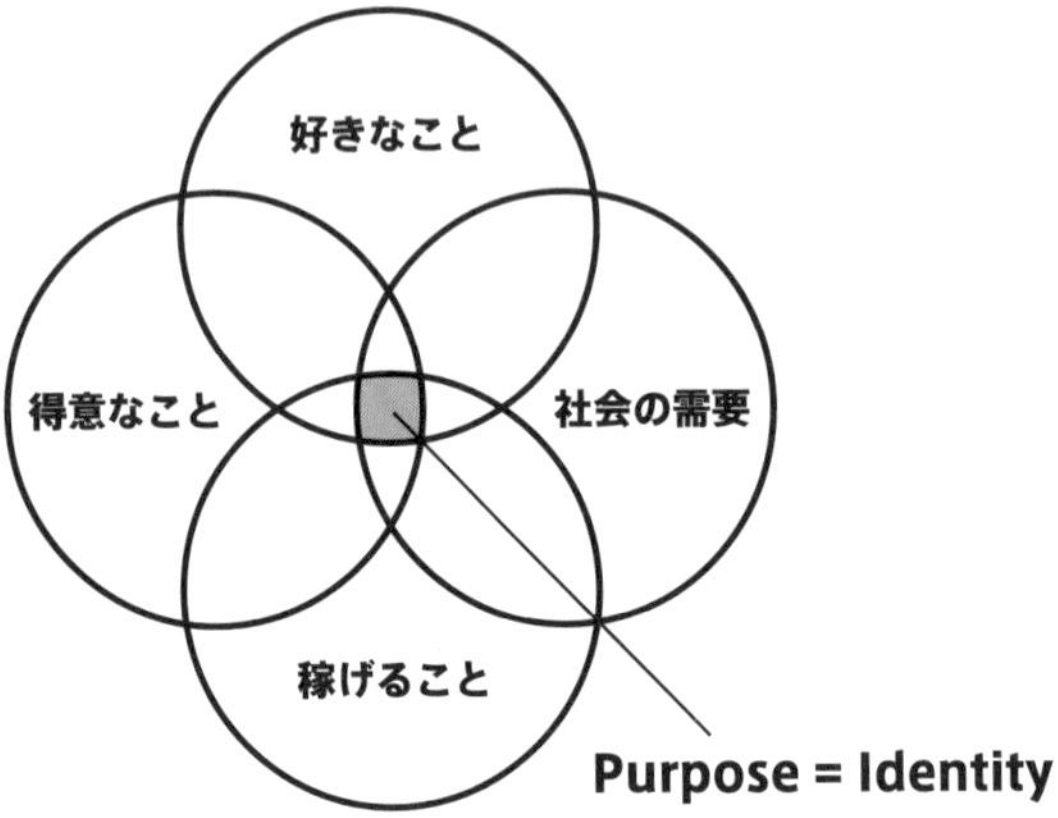

自分と社会との接点を考えよう

コミュニティの中の自分を知る

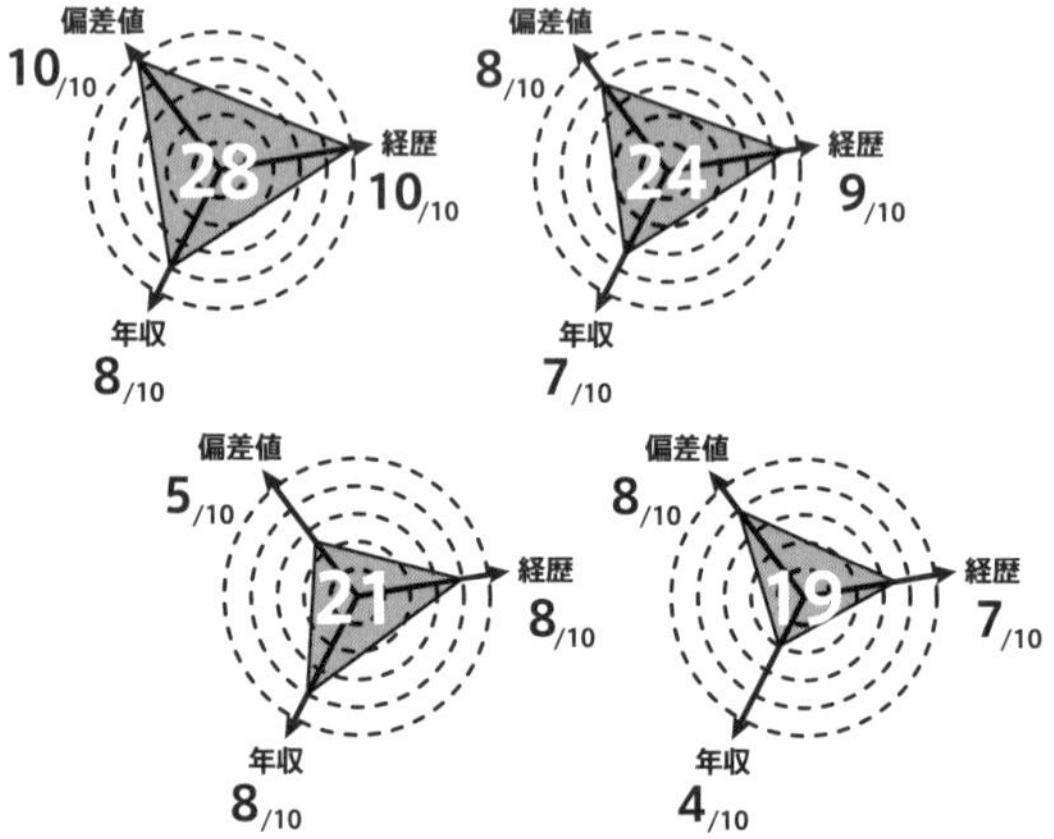

同じ物差ししかないコミュニティを抜けて

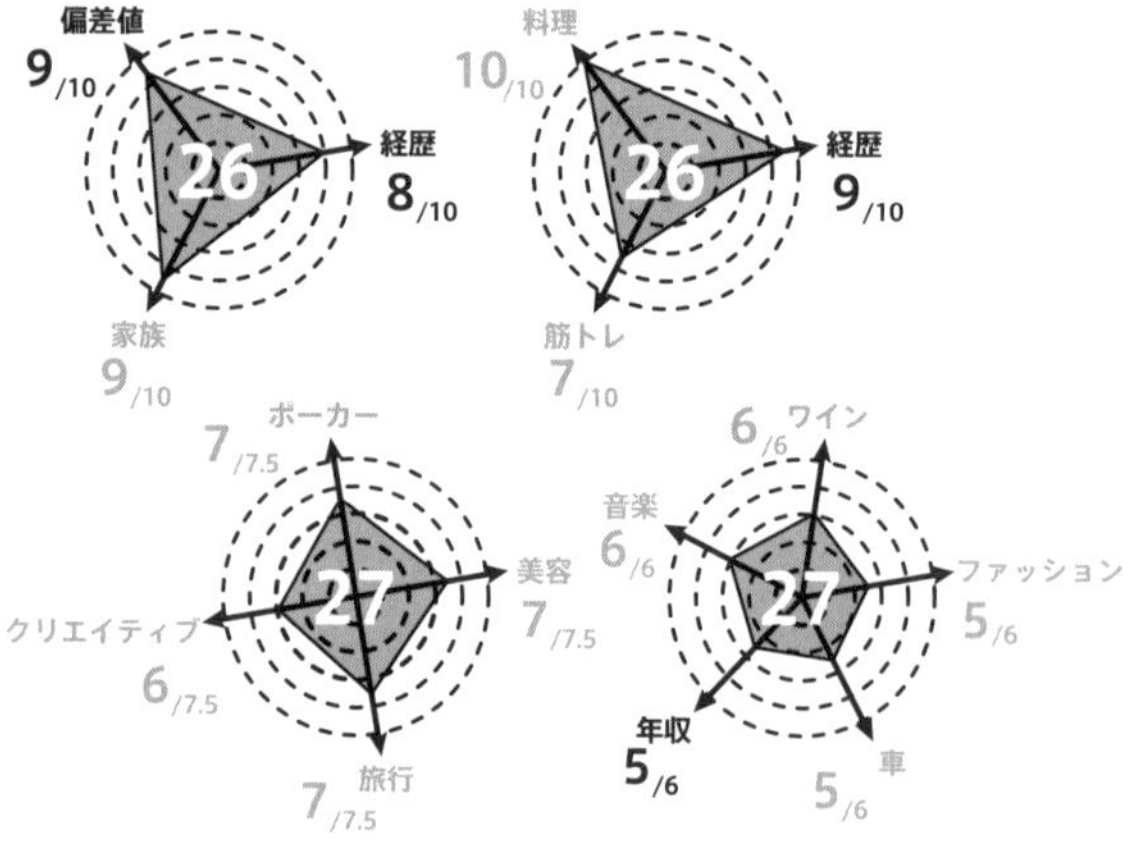

多様な物差しを持つコミュニティを探そう

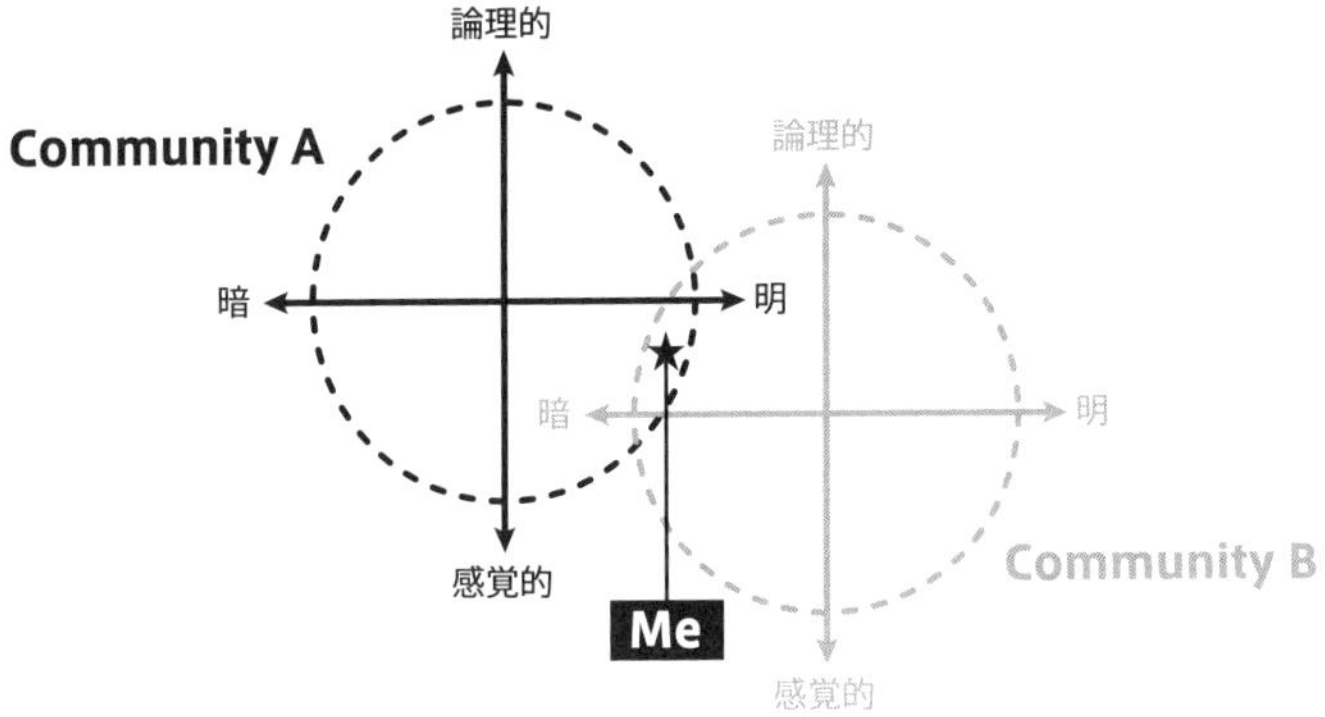

コミュニティごとに変わる自分を客観視しよう

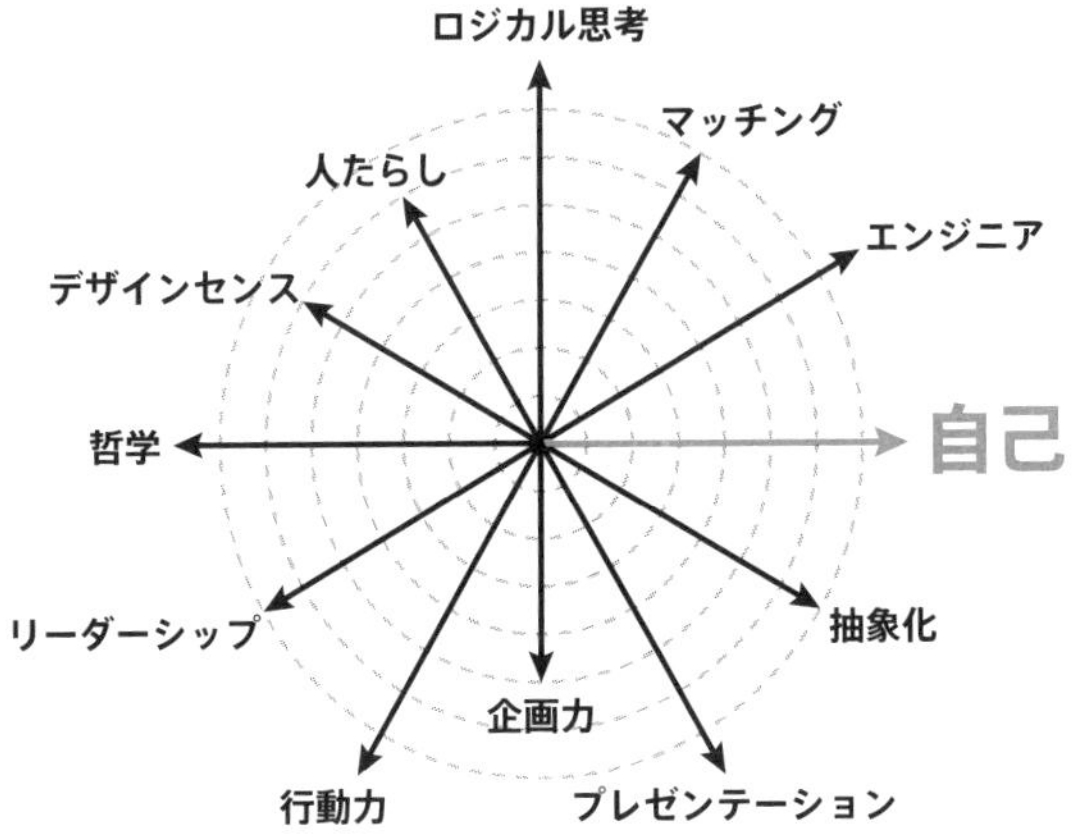

自己マッピングしてみよう

共通の目的か敵を持とう

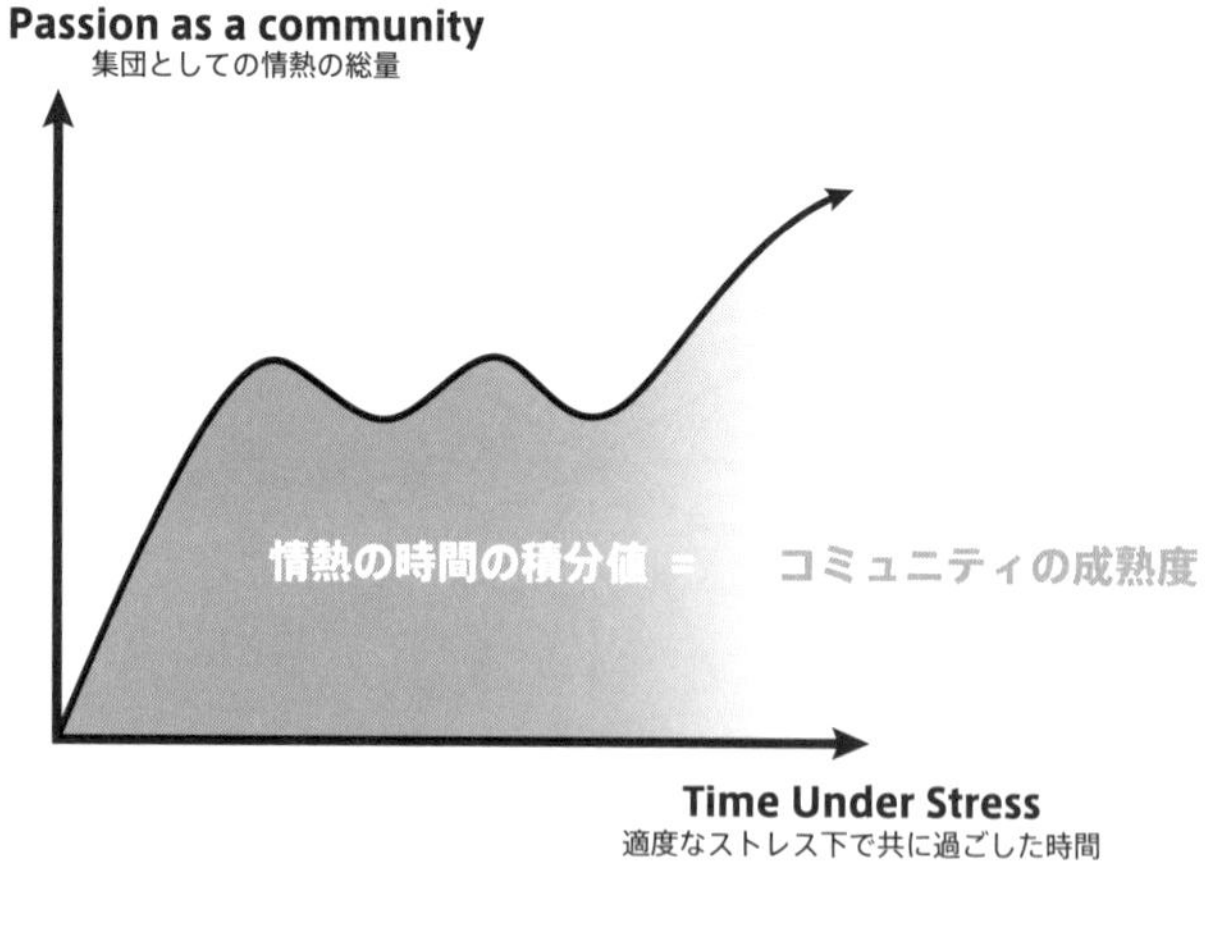

熱量と時間をかけてコミュニティをつくろう

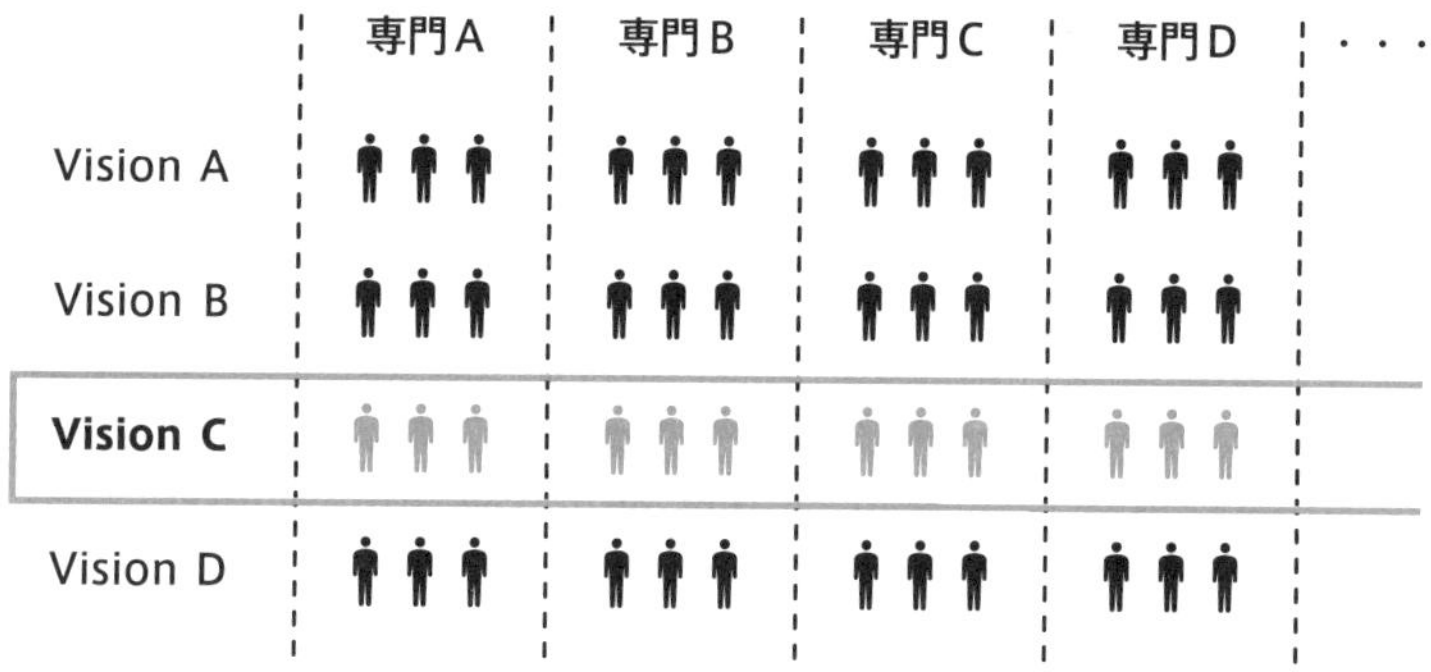

組織を縦割りでなく横割りしてみよう

COLUMN

アカデミーで生まれた変化

Identity Academyは試行錯誤の中、スタートしてから今もなおプログラムの改善を重ねているというのが実際のところだが、その難しさの本質は、このプロジェクトは「持続可能な良質なコミュニティができてから一定の時間がすぎないと結果すら見えない」ということだ。執筆時点で3年以上の月日が経つ中でようやく、参加者たちの変化も見えてきた。

Identity Academyは「起業しましょう」とか「就職を応援します」という類のものでは一切ない。参加者の中には家業を継ごうと決めている人や、学者の道を進みたいと考えを決めている人もたくさんいる。アカデミーの目的は目先の就職先内定などではなく、「自分が何をしたいのか」「どう生きたいのか」を再確認する場所、つまり、その時点での「アイデンティティづくり」にこそ肝がある。

プログラム参加者の多くは、当初は受験を含めた世の中の画一的な評価というものにしっかりと影響されているので、似たような価値観を持ち、同じように悶々としている人が多い。ところがコースの途中や終了後に大きく進路を変えてしまう人が少なからずいる。

自分が本来したかったけど、周囲の目が気になってやめていたことや、自分は無理だと思っていたことが、チャレンジに値する「やりたいこと」として明確になったのだろう。

参加者のA君は、参加時点ではいわゆる優等生タイプで、コミュニティの中では大人しい部類だった。しかし、コースの終盤では自分の意見をはっきりと言える存在となり、自分が本来やりたかったことがクリアになったのか、学部を文系から理系に変更する（通称：理転）という大きな意志決定を行っていた。そして彼は今、学生起業家となっている。今でも卒業生コミュニティの中のコアメンバーの一人なのだが、いつしか「自分は何者か」が確立され、連続した意思決定と行動ができるようになっていた。

これは若者だけに限らない。自分が関わっている電通の子会社の「ニューホライズンコレクティブ」という組織は、40代から60代の元電通マンや他社のOB達が集まって、学びなおし、面白いことをしようという理念を持っている。中には50代からの新しいことへのチャレンジをしている人も多数いる。

挑戦や意思決定に遅すぎることはないのだ。

“There exists in the world a single path
along which no one can go except you:
whither does it lead? Do not ask, go along it.”

「この世界には、あなた以外の人間には
進めない唯一の道がある。その道がどこに
向かうのか尋ねてはならない。ただ進むのだ」

Friedrich Nietzsche
フリードリヒ・ニーチェ

思想家／古典文献学者